알수록 재밌는

공예의 세계

알수록 재밌는
공예의 세계

허북구 지음

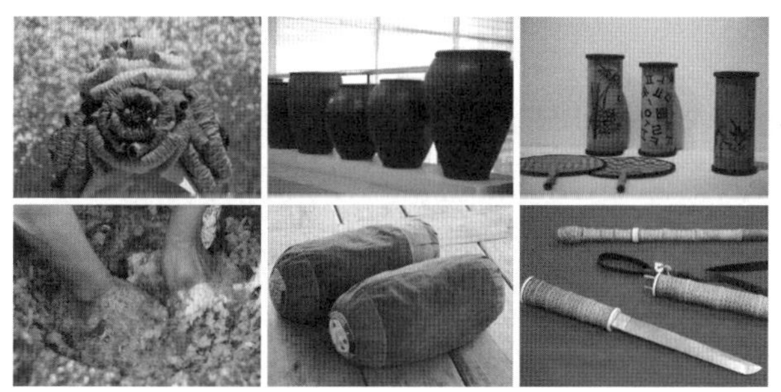

중앙생활사

공예는 생활 도구다. 생활 도구 중에서 재료, 기술, 디자인에 의해 미적 효과를 갖춘 물품과 그 제작에 관한 것까지를 공예라 한다.

공예는 원래 생활 용구로서 실용성을 갖춘 것이다. 조각이나 회화와 달리 건축과 함께 응용예술의 하나로 간주되며, 재료에 따라 도자기공예, 목공예, 금속공예, 칠공예, 죽공예, 염색공예 등 많은 종류로 나뉜다.

생활 용구라는 실용성을 갖춘 공예는 생활양식의 변화에 따라 쓰임새에 부침(浮沈)이 생기는 특징이 있어 시대와 지역에 따른 변천과 종류 및 특징의 차이가 심하다.

우리나라 전통 공예에는 우리 민족의 사상과 생활양식, 그리고 삶의 방식이 고스란히 반영되어 있다. 전라남도 공예 또한 남도 지역 사람들의 인문학 특성과 함께 생활양식, 그리고 지역에서 나는 재료적 특성이 반영되면서 전승되어 왔다. 특히 전남은 자연환경과 공예 재료가 풍부한 산지로, 옛날부터 다양한 공예품이 발달한 지역이다.

그런데 근대화 이후 급격한 산업화와 생활양식이 변하면서 지역에서 전통적으로 생산되고 이용되어 왔던 공예품은 그 이전의 어떤 시대보다 큰 변화를 맞이했다. 용도 자체가 없어진 공예품, 기계에 의해 생산된 산업제품으로 대체된 것, 수입품으로 대체된 것, 새로운 생활양식에 맞춰서 새롭게 만들어진 종류, 새롭게 등장한 재료를 이용한 공예품의 등장 등 혁명 이상의 수준으로 변했다.

그 과정에서 전통적인 공예가 소실 및 단절되고, 일부는 변형이 되는 등 크나큰 변화가 있었으나 그에 관한 기록이 거의 없는 실정이다. 이것은 전통 공예를 통해 조상들의 정신과 생활방식을 이해하는 데 장애가 될 뿐만 아니라 전통 공예의 콘텐츠를 활용한 새로운 시대, 세계화에 효과적으로 대응할 수 있는 공예품과 기술을 개발하는 데 필요한 유산의 소실이라는 점에서 안타까운 일이다.

특히 전라남도의 공예는 일본 민예학자 야나기 무네요시(柳宗悅)가 1937년에 《전라기행(全羅紀行)》에서 '공예남국(工藝南國)'이라고 칭송할 만큼 공예 문화가 풍성한 지역인데, 그 전통과 문화가 사라지고 있어 아쉬움이 매우 큰 지역이다.

저자는 이러한 배경에서 우리 전통 공예의 변화가 가장 극심했던 근대와 그 이후의 전남 공예에 관한 기록을 찾고, 고령자분들의 인터뷰를 통해 전남의 근대 공예를 조사했다. 기록은 부족하고, 조사

시기가 다소 늦은 점 등으로 인해 과거의 상황을 증언해 줄 수 있는 고령자분들의 사망 증가 등 조사에 제한 요인이 많았다.

더욱이 전남 지역 전체의 공예를 다루다 보니 조사대상 지역이 넓고, 다양한 종류의 공예 품목에 대한 전문성 부족으로 접근 방법이나 해석이 제대로 되지 않은 부분이 많았다.

그러나 일부라도 기록해 놓으면 다음의 연구는 물론 근대의 전남 공예를 이해하고, 그것을 모티브로 해서 전통 공예의 복원 및 시대에 맞는 공예품의 개발에 조금이라도 도움이 될 것이라는 바람을 갖고 책으로 정리하게 되었다. 이 책에 소개된 근대 공예 품목이나 지역은 우열에 따른 것이 아니고 저자가 자료 측면에서 쉽게 접근할 수 있는 품목과 지역 위주로 정리하였음을 밝혀둔다.

이 책의 발간은 '2023년 전라남도문화예술지원 - 육성 사업' 지원이 직접적인 계기가 되었다. 책의 출판을 지원해 준 전라남도와 ㈜전라남도문화재단에 감사드리며, 조사 과정에서 많은 제보와 말씀을 주신 전남의 많은 어르신, 전통 공예를 전승하고 있는 공예가분들께 감사드린다.

• 차례 •

1장

궁시공예

1
활쏘기와 광양 궁술

활쏘기는 세계적으로 그 유래가 깊다. 세계적으로 전통문화로 존재하는 활쏘기는 많은 나라에서 여전히 사랑받고 있으며, 관련 문화시설도 많고, 올림픽과 같은 행사의 이벤트에 사용된 사례가 있다.

아시아에서 처음으로 개최된 1964년 도쿄 올림픽에서는 일본 가고시마현(鹿児島県) 이즈미시(出水市)의 전통 활쏘기 기술을 선보였다. 이 기술은 무릎을 꿇고 낮은 자세로 홀수 짝수 교대로 화살을 날리는 무예이다.

1992년 마르셀로나 올림픽에서는 소아마비 장애인 양궁선수 안토니오 레보요가 약 70m 떨어진 특설 무대에서 불화살을 쏘아 개회식 성화를 밝혔다. 활쏘기는 오늘날 올림픽 정식 종목으로 양궁이 채택되어 있으며, 우리나라는 양궁 강국으로 명성을 얻고 있다.

우리나라 활쏘기 역사는 깊고, 솜씨도 뛰어난 것으로 알려져 있다. 중국 진(晉)나라의 진수(陳壽, 233~297년)가 쓴 《삼국지》의 일부인

위지동이전(魏志東夷傳)에는 우리 민족에 대해 "활 쏘는 재주가 뛰어나며, 주위 사람들이 이들을 두려워하여 쉽게 굴복시키지 못했다"라고 기록해 놓았다.

활쏘기 전통과 문화가 뛰어난 우리나라에서 광양은 빼놓을 수 없는 곳이다. 광양에는 현재 전남 무형문화재 제12호로 지정된 궁시(弓矢) 전수교육관이 있다. 궁시장은 활과 화살을 만드는 기술 또는 사람인데, 광양 궁시는 빠르고 정확하게 날아가야 하는 화살의 성능과 섬세하고 아름다운 작품성까지 갖춘 걸작으로 정평이 나 있다.

광양은 근대에 궁술(弓術) 문화가 발전했으며, 뛰어난 궁사(弓師)가 많았다. 1936년 6월 12일에 발행된 〈동아일보〉의 '광양 궁술 대성황'이라는 제목의 기사에는 "전남 광양유림정(光陽柳林亭) 주최 본보 광양지국 후원으로 전 조선 궁술대회를 예정과 같이 지난 5일에 본 정원에서 거행하였던 바 관람객 남녀 약 7,000명과 각 방면에서 모인 무사 160여 명으로 연 3일간을 용진불퇴의 열력을 다하여 대성황리에 무사히 대회를 마치었다는데…"라는 내용이 있다.

1928년 7월 8일에 발행된 〈동아일보〉 '남북의 명수 전운익맹렬(戰雲益猛烈)'이라는 제목의 기사에는 "북으로 함흥, 남으로 광양 참가한다는 놀라운 소식, 중앙기독교청년회 주최 본사 후원의 대회 전 조선 궁술대회는 (중략) 이번 대회 장소인 사직공원 뒤 황학정으로 모여…"라는 내용이 있다. 광양은 남한을 대표하는 지역으로 서술되어 있다.

1935년 5월 31일에 발행된 〈동아일보〉 '대구궁술대회'라는 제목의 기사에는 "1등은 광양 이문화 씨"라는 내용이 있다. 1925년 6월 1일에 발행된 〈동아일보〉의 '전 조선 궁술대회'라는 기사 내용에는 "전남 광양군 궁술계에서는 내 6월 6일 동군(同郡) 유림당사정(柳林塘射亭)에서 전 조선 궁술대회(全朝鮮弓術大會)를 개최할 예정으로 목하 제반 준비에 분망 중이라는데…"라는 내용이 있다.

옛 신문에는 앞에 소개한 것 외에도 광양과 궁술 관련 기사가 수없이 많으며, 각종 궁술대회의 수상자 명단에는 광양의 궁사가 특히 많은 것으로 나타나 있다. 광양은 그만큼 궁술의 역사 문화 자원이 많았음을 알 수 있으며, 현재도 궁시장(弓矢匠)이 있다.

2

광양 궁시

활과 화살을 제작하는 공인은 어느 시대에나 각각 전업화(專業化)되어 있었다. 조선 시대의 각종 공장의 기록과 기술자 명단에서 그들을 '○○匠'이라 호칭하지 않고, 유독 '궁인(弓人)'·'시인(矢人)'이라 한 것을 보면 각별하게 차등을 두어 예우하였던 것으로 보인다.

우리의 전통적인 활은 쇠뿔(牛角)과 쇠심줄 같은 유별난 재료를 사용한 각궁(角弓)이라는 점에 특징이 있다. 활짱(활의 몸)의 손잡이 부분(줌통)과 양쪽 끝(정탈목 고잣잎)에는 참나무와 뽕나무를 각각 대지만, 강력한 탄력을 유지하는 오금 부위에는 죽심(竹心)을 넣고 그 안팎에다 쇠뿔과 쇠심줄을 부레풀로 접착시킴으로써 탄성(彈性)의 강도를 한껏 높였다.

이때 수우각(水牛角 : 무소뿔)을 깎아 댄 것을 흑각궁(黑角弓)이라 하고, 또 한우각(韓牛角)은 백각궁(白角弓)이 되는데, 백각으로는 큰 활을 만들지 못하는 결점이 있어 흑각궁을 높이 쳤다. 이러한 각궁은

목궁(木弓)이나 죽궁(竹弓)에는 비할 수 없이 화살이 먼 거리에 미치는 강궁(强弓)에 속한다.

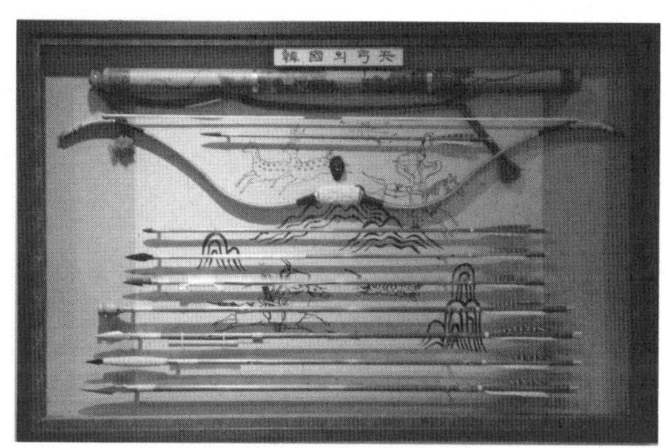

그림 1-1. 궁시(전라남도 무형문화재 광양궁시장 전승교육사 김철호 작)

화살은 시누대(箭竹)로 만들며 활과 마찬가지로 세심한 공정과 갖가지 합재(合材)로 이루어진다. 조선 시대에는 군기시(軍器寺)에 활과 활촉을 만드는 공장이 있었고, 또 선혜청(宣惠廳)에 활의 재료를 바치던 공물계(貢物契)가 있었는데 어교(魚膠), 정근(正筋 : 쇠심줄), 진사(眞絲), 궁삭목(弓槊木), 치우(雉羽), 궁현사(弓弦絲), 괄추목(括抽木) 등이 공물의 품목이었다.

광양궁시장은 1986년에 전라남도 무형문화재 제12호 광양궁시장(光陽弓矢匠)으로, 당시 김기(金起) 장인이 기능보유자로 지정되었다.

2장

금속공예

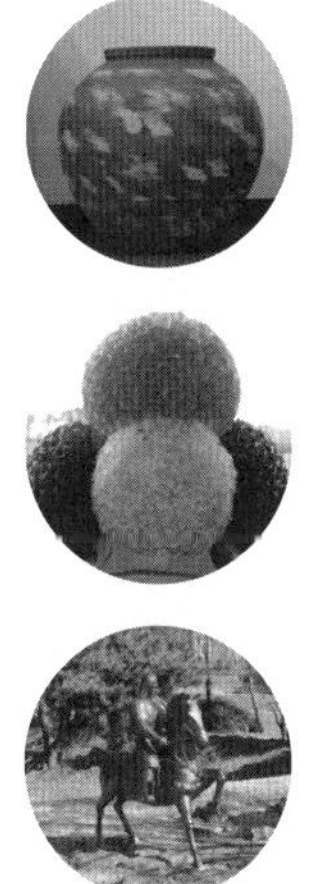

1
장도

장도와 패도

장도(粧刀)는 사대부와 부녀자들이 생활용과 호신용으로 사용했던 길이 10~20cm 가량의 작은 칼이다. 장도(粧刀)에서 장(粧)은 단장할 장, 도(刀)는 칼 도자이므로 장식용으로 활용되는 칼로 패도(佩刀)라고도 한다.

패도(佩刀)에서 패(佩)는 찰 패, 노리개 패이며, 도(刀)는 칼 도자이므로 히리띠 등에 치고 디니는 칼이다. 페도는 주머니(囊) 속에 넣는 칼(刀)이기도 해 낭도(囊刀)라는 이름도 있다. 장도장(粧刀匠)은 본래 도자장(刀子匠)으로 불렸으나 근래에는 환도(環刀) 등 일반 도검류(刀劍類)와 구분하여 장도장으로 일컫는다.

장도의 유래에 대해 최남선[1]은 《고사통(故事通)》[2]에서 이렇게 밝혔다.

"시방은 구풍(舊風)이 되었거니와 남녀의 옷고름에 차는 장도는 그 형제(型制)와 패용법(佩用法)이 순전히 몽고풍일시 분명한 것이다. 원(元)에 복종(服從)한 고려 충렬왕이 원의 제국대장(齊國大長) 공주와 결혼하게 되면서 몽고 귀녀(貴女) 7인이 왕비로 들어옴과 더불어 몽고의 언어 풍속이 유입되어 관중(官中)과 상류사회에 적지 않은 영향을 미치게 되었고, 이에 따라 의식용의 복장도 몽고풍을 가미하게 되었다. 민간인들은 이러한 관중(官中)의 몽고풍을 모방하게 되었으며, 어느 것은 국속(國俗)이 되다시피 하였는데, 그중의 하나가 장도 사용의 성행이라 하겠다."

그런데 삼국 시대 고분에서는 소형의 도검(刀劍)이 빈번하게 출토되었고, 신라의 금은요대 수식(金銀腰帶垂飾)에 붙은 장도 형태의 장식 등을 통해 자생적인 문화이며, 그 역사 또한 매우 오래되었음을 유추할 수 있다.

조선 시대 《경국대전》에는 도자장(刀子匠) 6명과 환도장(環刀匠) 12명이 상의원(尙衣院)에 소속되어 궁중의 장도를 제작하였음이 기록되어 있다. 이는 칼을 만드는 장인이 중앙에 소속되어 있었다는 뜻이다. 여기서 도자장은 작은 손칼을 만드는 사람, 환도장은 군용 도검을 만드는 사람이다.

---

1. 최남선(崔南善, 1890~1957년)은 대한민국의 문화운동가이며 근대 문학 발전에 기여한 공로가 있는 반면, 이광수와 함께 거론되는 변절한 친일파로 비판받는다.
2. 1943년에 육당 최남선이 문화교류사의 관점에서 간행한 한국통사이다.

조선 시대에는 여인들의 노리개 장식의 일부가 되었고, 심지어 칼날을 뺄 수 없게 고정된 장도가 제작되기도 하는 등 손칼로서의 상징성과 장식성이 강조된 것도 사용되었다. 이름조차도 단장할 장(粧)자와 칼 도(刀)자를 써서 장도(粧刀)로 불리기도 했으며, 은으로 만든 은장도(銀粧刀)는 여인의 정절을 상징하는 장도로 많이 알려져 있다.

일반 백성들 사이에서 널리 사용되었던 민수용(民需用) 장도는 전국에 분포된 사장(私匠)들에 의하여 충당되었다. 근대까지 장도의 산지는 경북 풍기, 울산 병영 등 몇 군데가 있었다. 그중에서 광양지방의 장도가 역사가 깊고 섬세하며 종류 또한 다양하여 한국적 우아함과 장식용으로 뛰어난 공예미를 나타내 1978년에 전남 광양 장도가 국가무형문화재 제60호 장도장(粧刀匠)으로 지정되었다.

경상남도에서는 1987년에 진주의 장도를 경상남도 무형문화재 제10호 장도장(粧刀匠, 銀粧刀)으로 지정했다. 울산광역시에서는 2019년에 울산 병영의 장도를 무형문화재 제1호 장도장으로 지정했다.

패도 종류와 용도

장도는 조선 시대 부녀자들이 거울, 빗과 함께 애용하던 3대 소지품이었다. 1670년 제정된 '금제절목(禁制節目)'[3]에 의하면 당시 유생,

잡직 및 서인 남녀의 장도 패용을 금했다. 이것을 고려하면 조선 시대에는 남녀, 신분에 관련 없이 장도가 널리 사용된 것으로 보인다.

《승정원일기(承政院日記)》에는 "명나라 사절이 요구한 물건 중 은장도의 수량을 채우지 못해 근심했다"라는 기록이 있다.《열하일기(熱河日記)》에는 예단 품목으로 장도가 사용된 기록이 있다. 이러한 기록에서 장도는 조선뿐만 아니라 이웃 나라에서도 인기가 있었던 것으로 추정된다.

장도의 제작은 강철을 1,000℃ 이상의 불에 달구어 20여 차례 두드린 뒤 틀에 넣어 모양을 잡고 숫돌에 정성들여 갈아서 칼날을 만든다. 패도의 칼집과 손잡이는 보통 은으로 만든 여성용의 '은장도'와 감나무, 대추나무를 이용해서 만든 남성용 패도로 구분할 수가 있다.

장식과 손잡이 재료에 따라서는 금장도, 은장도, 백옥장도, 목장도. 낙죽장도 등으로 구분된다. 외형에 따라서는 첨사도, 네모도, 을자도(乙字刀), 을자맞배기, 평맞배기 등으로 나뉘는데, 이 가운데 을자도 계통이 가장 일반적이다.

칼집에 부착할 장식품은 금은백동 등의 재료를 녹인 다음 망치로 두들겨서 납작하게 만든다. 이렇게 하여 장식품이 다듬어지면 여기에 문양화한 것을 접착시킨다. 남성용 패도에는 용, 거북 등의 십장

---

3. 복식의 사치를 금하고 복식에 따른 신분의 구별을 위하여 만든 제도.

생을 그려 넣었다. 여성용 패도에는 절개를 뜻하는 소나무와 대나무 등을 그려 넣었다. 이외에 국화, 여치, 메뚜기 등 우리의 전통적인 무늬를 접착시킨다.

패도는 고려 시대부터 성인 남녀들이 호신용으로 지니고 다녔으며, 특히 조선 시대에는 임진왜란 이후부터 사대부 양반 가문의 부녀자들이 순결을 지키기 위하여 필수적으로 휴대했는데 장도는 근대부터 용도가 번했다.

근대 이후 패도는 축문이나 지방을 자르고 제사상에 올릴 밤을 다듬는가 하면 양지바른 툇마루에서 손톱을 자르기도 하고, 과일 깎는 칼, 새끼줄 자르는 칼 등 다양하게 이용되었다.

2
광양 장도

광양 장도장의 전승

세계 최고 규모의 제철소를 자랑하는 광양은 장도(粧刀)로 유명하다. 광양 장도는 우리나라 장도를 대표하는 것으로, 국가무형문화재 제60호 장도장(粧刀匠)으로 지정되어 있다.

우리나라 남단에 위치한 광양의 장도는 전란이나 사화를 피해 광양으로 온 선비들이 자신의 충절을 표시하기 위해 손수 만들어 패용했고, 자손들에게도 그 기술을 익히게 했다고 전해져 오나 역사적 기록은 찾아보기 힘들다.

장도를 만들고 소비하는 문화는 일제 강점기 때에도 왕성했다. 〈조선일보〉 1938년 4월 26일 '조선일보 주최 조선 특산품 전람회'에 관한 기사[4]에는 "경남의 장도도 값싸고 진귀할 뿐만 아니라 실용적이라는 점에서 눈코 뜰 새 없이 잘 팔리고 있다"라는 내용이 있다. 이 기사에서 1938년에 장도가 잘 팔렸다는 점은 수요가 많았음을 알 수가 있다.

일제 강점기 광양에서는 광양 읍내에 있었던 장익선(張益善) 장인의 공방에서 장도 전승과 보급로 역할을 했다. 당시 장익선 장인의 공방에서 기술을 배운 사람은 2011년 2월에 국가무형문화재 제60호 장도장 기능보유자로 지정된 박종군 장인의 부친인 박용기 장인, 그리고 강동래 장인, 김중익 장인 등 몇 분이 있었다.

이분들 중 박용기 장인은 잘 알려져 있듯이 1978년 국가무형문화재 제60호 장도장 기능보유자로 지정되었다. 강동래 장인은 1964년에 광양읍 칠성리에서 서울 구로2동으로 옮겨 제자와 함께 장도를 만들었다.[5] 김중익(金重益) 장인은 광양시 진상면 섬거리에서 장도를 만들었으며,[6] 1986년 9월에 전라남도 무형문화재 제11호 광양장도장(光陽粧刀匠) 기능보유자로 지정되었다.

〈한겨레〉 1988년 10월 27일 기사에는 광양 출신의 장도장인 강용기 장인이 소개돼 있다. 강용기 장인은 1958년부터 김창호 장인으로부디 장도 만들기를 배웠으며, 스승이 1966년에 노환으로 작고했다는 내용이다. 이 기사로 보아 김창호 장인 또한 일제 강점기 때부

---

4. 조선일보. 1938년 4월 26일. 초일 입장 7,000여 명 특산전 폭발적 인기.
5. 경향신문. 1965년 1월 13일. 인간문화재 상경.
6. 경향신문. 1979년 11월 17일. 대를 잇는다, 보람에 사는 외길 인생 (45) 패도장 김중익 씨 아들 성일 씨.

터 장도를 만들었던 것으로 추정됨에 따라 일제 강점기 때 광양에
는 복수의 장도 장인들이 있었던 것으로 추정된다.

광양 장도는 장인들의 장도 제작에 의한 전승 외에 1980년대까지
사람들의 일상에서 과일을 깎거나 새끼줄을 자르는 등 손칼로 사용
하는 문화가 있었다. 당시에 수요가 많다 보니 5일장에서 판매되었
고, 패도라 불리며 허리춤에 차고 다니면서 많이 사용되었다. 아직
도 당시의 사용 기억을 가진 어르신들이 많이 생존해 있고, 많은 가
정에서는 당시 사용했던 장도 한두 개쯤은 유물로 갖고 있다.

광양 패도와 장도장의 수도권 진출

1964년에 서울로 상경한 장인

광양에서 장도 기능을 익힌 사람 중에는 그 기술을 서울에서 활용
하기 위해 상경한 사람도 있었다. 〈경향신문〉 1965년 1월 13일 기
사[7]에는 광양에서 서울로 상경한 강동래(姜東來) 장인(당시 34세)이 다
음과 같이 소개돼 있다.

"옛날부터 '선비'는 '노끈'과 '패도(佩刀)'를 지니고 양반집 가문으
로 행세했다 한다. 일제 강점기 말엽까지 시골에서는 남자는 장식

---

7. 경향신문. 1965년 1월 13일. 인간문화재 상경.

용, 부녀자는 보신용으로 장도를 지녔다. 예부터 패도의 고장으로 알려진 광양지방은 아직도 이 풍습을 따라 노인들과 부녀자가 지니는 관습이 남아 있는데, 특히 군인과 협동조합, 그리고 유지들은 선사용으로 많이 사 가고 있다.

강동래 씨는 21년 전(1944년) 전남 광양에서 장익선(張益善) 씨(당시 작고)로부터 장도를 배워 하루에 한 자루를 겨우 만들어 6자녀와 함께 연명했다. 그러다가 1964년 11월 하순에 진님 광양읍 칠성리에서 서울 구로2동으로 옮겨서 15평 되는 공장을 마련했다.

강동래 씨가 6명의 제자와 함께 순수 수공으로 만드는 패도는 8모형 대{전장(全長) 4촌(寸), 도신(刀身) 4촌(寸)}, 원통형 중{전장 3촌, 도신 1.5촌)}, 을(乙)자형(원통형의 중과 동일) 등 3개 종으로 만든다.

공장에는 보루방, 그라인더, 에키세 등 6개 종의 기계시설을 갖추었다. 패도 모양은 3종으로 돼 칼집과 여러 모로 된 8모형을 '모재비' 칼이라고 부르며, 칼집과 자루가 둥근 것을 원통형, 칼집과 자루 모양이 을(乙)자형은 乙(을)자형 칼이라고 한다. 칼집 자루는 흑시목, 신호, 소뼈 등을 깎아서 히며, 장식은 은(銀)괴 백동(白銅)으로 만드는데 강철로 도신(刀身)에 일편심(一片心)의 글씨를 문양화(文樣化)해서 새긴다.

칼날은 20여 회 불에 달구어지고 칼집과 자루의 고리 매듭에 명주 끈이 매어질 때까지 24종의 공정이 거쳐진다. 이렇게 만들어진 칼은 100원 내지 150원, 대량생산을 목표로 공장 시설을 한 지금의 생산량은 1일 20자루를 예상하고 있는데, 이것도 판로가 걱정이다."

이 기사에 의하면 광양의 전통적인 수작업에 의한 패도 제작 기술이 서울로 확산되었고, 공장 방식으로 바뀌었음을 알 수가 있다.

성남의 공예품이 된 광양 패도

〈한겨레〉 1988년 10월 27일 기사[8]에는 광양의 장도 장인이 상경했다가 성남에서 장도를 만들었던 사연이 소개되어 있다. 이 기사에는 광양 출신의 강용기 장도 장인이 소개되어 있는데 그 내용은 다음과 같다.

"강용기 씨는 8세 때 척추 관절염을 앓은 척수장애인으로, 14세가 되던 1958년부터 김창호 씨로부터 장도 만들기를 배웠다. 그리고 스승 김씨가 노환으로 작고한 1966년에 서울로 이주했다.

은장도를 팔려는 금은방 업자의 초청으로 서울로 이주했으나 금은방 업자는 망하고, 강씨는 월급도 못 받고 거리에 나앉았다. 이후 출가한 누나 집에서 작업장을 하다가 성남으로 이사했다. 성남에서 자리를 잡기까지는 반도아케이드, 조선호텔 등 제한된 수요업체에

---

8. 한겨레. 1988년 10월 27일. 전통의 혼, 재활 의지로 다듬어 척추장애 딛고 장도 만들기 31년 강용기.

만 납품했고, 수요가 많지 않아 겨우 끼니를 이어갈 정도였다.

그러다가 1974년 '전국 관광민예품 경진대회'에 경기도 대표로 나가 '은장도'를 출품해 우수상을 받게 되면서 경기도의 지원을 받으면서 공방이 활기를 찾았다. 1988년에는 혼수품과 외국 상대 선물용으로 장도가 각광받게 됨에 따라 주문을 감당할 수 없을 정도로 받았다. 강용기 씨가 한 달 내내 만들어 내는 것은 고작 20개인 반면에 한 달 평균 100여 개를 웃도는 주문이 들어왔다.

강용기 씨가 만드는 장도 작품 중 가장 잘 팔리는 것은 한 뼘 크기의 은장도로, 시중 가격은 14만 원선이다. 혼수용품으로 호신의 뜻과 함께 정절을 표상하는 은장도가 수요가 늘어나자 기계로 뽑아 낸 조잡한 대량 생산품을 팔기도 하는데, 강용기 씨는 아무리 주문이 밀려도 자신의 낙관이 박힌 작품을 섣불리 만들어 내놓지 않는다. 전통 공예품을 돈 때문에 망칠 수 없다는 생각에서이다.

강씨는 현재 척수장애인 11명을 데리고 기술을 가르치는 한편, 이들의 자립을 위해 뒷바라지를 아끼지 않고 있다."

3
곡성 낙죽장도

우리나라의 장도는 일반 장도(粧刀)와 낙죽장도(烙竹粧刀) 두 가지로 분류된다. 광양에서는 일반 장도 기능이, 곡성에서는 낙죽장도 기술이 전승되고 있다.

낙죽장도는 칼날부터 제작하고 칼집과 칼자루는 대나무 또는 소뼈로 마무리하는 특성이 있다. 대나무 칼집에는 유명한 문장, 시(詩)와 매화, 난초, 국화, 대나무 등 사군자를 낙죽해서 이용하는 경우가 많아 선비와 문인들의 전통 사상 중시와 의리 정신이 잘 나타난 장도이다. 이 때문에 '선비의 칼'이라고 불리었다.[9]

낙죽장도 재료는 특수 강철, 먹감나무, 소나무, 소다리뼈, 송진, 자개, 명주실, 금, 은 등이 사용된다. 칼집에 많이 사용되는 대나무 표면에는 불에 달군 인두로 무늬와 글씨를 새겨 넣는데 무늬는 구름,

---

9. 박남중. 2023. 광양 장도의 특징과 무형유산적 가치. 전북대학교 석사학위논문.

산수, 사슴, 매화 등이 많고, 글씨는 한시가 주를 이룬다.

만드는 과정은 ① 분죽 캐기, ② 칼집과 칼자루 제작, ③ 칼 몸 제작, ④ 금 상감, ⑤ 낙죽, ⑥ 칼끈 제작, ⑦ 열처리 순서이다. 칼 몸에 순금으로 금 상감을 하기도 하는데 별은 행운의 상징으로 북두칠성을 표현하기도 한다. 문자는 일편심(一片心), 경인도(庚寅刀), 칠성죽장검, 칠성죽장도, 낙죽칠성좌장검, 낙죽금장도, 죽패도, 죽장창, 횟대검, 창포검 등이 있다.

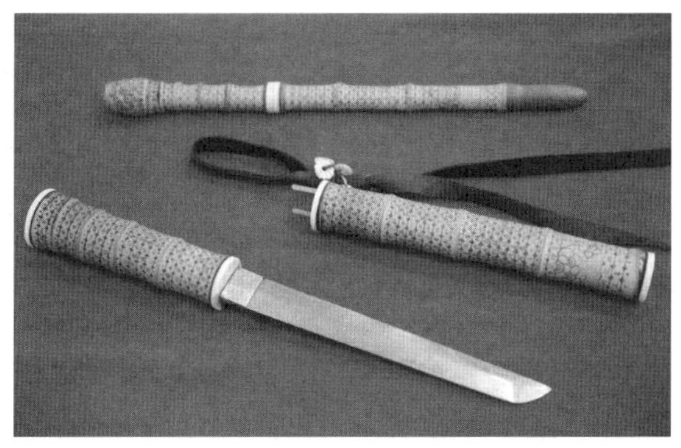

그림 2-1. 곡성에서 전승되고 있는 낙죽장도(한상봉 장인의 작품)

전남에서 낙죽장도의 기능은 곡성에서 전승되고 있다. 낙죽장도는 삼국 시대의 '비수'에서 유래됐다고 할 정도로 역사가 깊으나 우리나라에서는 한때 역사가 끊겼다.

그런데 1970년대에 재일교포 한 사람이 일본 박물관의 도검 전시회에서 전라남도 곡성산이라고 쓰여진 낙죽장도를 보고 곡성을 방문해서 한병문 장인에게 낙죽장도에 대해 물어왔다. 당시 곡성에는 낙죽장도를 만드는 장인이 없어서 재일교포는 실망했다.

이에 어릴 때 재종조 할아버지(할아버지의 사촌동생)로부터 한문 공부를 배우면서 21세까지 장도 기술을 배우다가 사정이 여의치 않아 농사를 지어오던 한병문 장인은 책임감에 다시 장도를 만들기 시작했다. 그리고 고증을 위해 낙죽장도가 기록된 자료를 찾다가 1974년에 통인가게에서 발행한《통인미술 창간호(은장도편)》에서 재종조 할아버지의 낙죽장도에 대한 기록을 찾았다.

또한 국방군사연구소에서 발행한《한국무기발달사》등의 자료를 통해 낙죽장도를 고증하고 명맥을 이었다. 곡성의 낙죽장도의 기능은 1993년 7월에 국가무형문화재 제60호 낙죽금장도장으로 지정되었고, 당시 곡성의 한병문 장인이 기능보유자로 지정되었다.

기능보유자로 지정받은 한병문 장인에 대해서는 〈동아일보〉 1991년 9월 30일 '제19회 동아공예전 입상자, 대나무 찾아 겨울산 헤매… 신병 극복한 집념의 장인, 한병문 씨(금속)'이라는 제목의 기사에 이렇게 소개되어 있다.

"전통공예부문에서 대상을 수상한 한병문(韓炳文) 씨(52세)는 초등학교를 졸업한 뒤 한문 서당에서 글을 배우며 틈틈이 익힌 장도 기술이 평생 직업이 된 철저한 전통 공예 장인이다. (중략)

한씨가 대상을 수상한 작품은 '낙죽금장도(烙竹金粧刀)'로 17cm 길이의 대나무에 13마디가 들어간 희귀한 대나무 금장도이다. 작은 길이에 마디가 많이 들어간 대나무는 척박하게 버려진 외진 곳에서

만 자라는 것으로, 한씨는 이 대나무를 구하기 위해 매년 겨울마다 해발 600m가 넘는 산을 헤맸다. 그는 1986년 공예품경진대회에서 우수상을 받은 것을 시작으로 전승공예대전 장려상 등의 수상 경력이 있다."

한병문 장인은 2014년에 타계했으며, 2012년에 한상봉 장인이 국가무형문화재 제60호 장도장 기능보유자로 지정되었다.

3장

도자기공예

1
도자기

역사적인 도자기 산지, 전남

도자기(陶瓷器)는 진흙으로 빚어서 높은 온도에서 구워낸 그릇의 총칭으로 도기(陶器), 자기(瓷器) 및 사기(沙器, 砂器) 등으로 구분된다.

도기는 넓게는 유약을 칠하지 않은 토기나 납을 주성분으로 하는 유약인 연유(鉛釉), 잿물을 써서 만든 시유도기(施釉陶器)까지 포함한 단어로 사용된다. 자기는 고운 태토(흙)을 써서 만들고 유약을 발라 구워 매끈하게 만든 것을 의미한다. 사기는 고령토, 장석, 석영 따위의 가루를 빚어서 구워 만든 희고 매끄러운 그릇 또는 그 재료로 만든 물건이다.

전남에서 도기는 영암 시유도기와 강진 칠량 및 고흥의 옹기가 대표적이다. 자기는 강진 고려청자와 해남의 녹청자가 유명하고, 사기는 고흥과 무안의 분청사기가 대표적이다.

강진 청자, 여주 백자와 함께 무안 분청사기를 우리나라 3대 도자기 발상지로 불린다. 전남의 도자기 문화 뿌리는 영산강(榮山江) 유역의 대형 옹관묘(甕棺墓)로부터 시작했다고 해도 과언은 아니다(그림 3-1).

고대부터 대형 옹관묘를 만들었던 기술은 마한(馬韓), 백제 시대를 거쳐 통일 신라 시대에 이어 영암 시유도기, 해남 녹청자, 강진 고려청자, 조선 시대 무안 분청사기(粉青沙器), 백자(白磁), 장흥 백자, 고흥 분청사기 등 다양한 시대를 거쳐 발전되면서 풍부한 도자 문화와 유물의 보유 지역이 되었다.

그림 3-1. 영산강 유역에서 발굴된 고대 옹관의 복원품

역사적으로 유명한 전남의 도자기는 유물도 많아 골동품 수집가들의 주요 관심 지역이었다. 우리나라에서 골동품은 1885년경에 경성 북쪽에 있는 안동(案洞)이라는 마을에 조선인이 경영하는 골동품

점이 최초로 생겨난 후 이 일대를 중심으로 골동품 거리가 생겨났
다. 그리고 1902년에는 경성 거리에 도자기들을 전문적으로 취급하
는 골동품점들이 다수 등장했으며, 미국과 프랑스에서 각각 설립한
한미흥업회사(韓美興業會社) 및 한불흥업회사(韓佛興業會社) 등 문화재
유통업체들이 합세하면서 한국 도자기들은 본격적으로 국외로 유
출되면서 유물에 관한 관심도 높아졌다.

진남 지역의 도자기 유물에 관해 높은 관심은 〈조신일보〉 1977년
8월 16일 '문화재 그 허실 (11) 도굴 야화'라는 기사에서도 엿볼 수
가 있다.

"도굴이라면 전라도가 그 왕국이었다. 옛 요지(窯址)가 많았기 때
문이었다. 한때 나주 영산포엔 50~100명의 도굴꾼이 집결해 여관
마다 이들이 흥청대는 것을 볼 수 있었다. 고려 때 요지였던 강진,
무안, 영암, 목포, 장흥으로 갈라지는 길목이었기 때문이다. 도굴꾼
들은 산의 능선을 중심해서 부장 방법을 살펴보면 상부는 삼국 시
대의 석장(石葬), 중부는 고려 시대의 토장(土葬)과 석장(石葬), 하부는
조선 시대의 토장지대로 나누어진다."[10]

이 기사 내용에서처럼 강진, 무안, 영암, 목포, 장흥 등은 옛 도요
지가 많았던 지역이고 도자기 산지이다(그림 3-2).

나주 영산포나 나주 반남고분이 있는 지역의 고령자분들은 옛날

---

10. 조선일보. 1977년 8월 16일. 문화재 그 허실 (11) 도굴 야화.

그림 3-2. 전남에 산재되어 있는 도자가마터

이야기를 할 때 종종 '호리꾼'이라는 말이 나온다. '호리꾼'에서 호는 굴(掘, ほ)에 대한 일본말로 호리(ほり)꾼은 일제 강점기 때 문화재 도굴을 했던 '도굴꾼'을 지칭하며, 그 사람들이 많았던 곳에서 지금도 회자되고 있다.

전남, 특히 나주를 비롯해 영산강 문화권과 강진 등은 근대와 일제 강점기에 도굴꾼이 많을 정도로 도자기 생산과 유통의 거점이었다. 하지만 이처럼 우수한 전통을 갖추고도 상업적인 측면에서는 체계적으로 발전하지 못한 아쉬움이 있다. 그 배경에는 근대화된 방식에 의해 생산된 저렴한 도자기의 수입이 많았고, 도자기 생산자의 영세함과 낮은 경영 수준 등 여러 가지 요인이 있었다.

그것은 야나기 무네요시(柳宗悅)가 1937년에 곡성군 죽곡면 하한리를 방문해 장인들에게 많은 양의 도자를 주문하자 어떻게 값을

지불하고 계산하는지에 대한 방식을 몰라 난감해했던 것에서도 전해진다.[11]

일제 강점기의 전남 도자기 공방에 관한 기록은 많지 않은 가운데, 〈동아일보〉 1924년 1월 28일 기사 '무안 주요 물산'에는 무안의 도자기 제조 가구 수가 64호로 기록되어 있어 상당히 많음을 알 수가 있다.

〈동아일보〉 1934년 7월 6일 '중소공업의 생산품 현황 (6) 석기초자(石器硝子)' 기사에는 도자기의 주요 산지와 생산고가 소개되어 있는데, 전라남도의 주요 산지로는 강진, 화순, 장성 등으로 당시 생산고가 169,000원이라고 되어 있다.

영암 시유도기와 해남의 녹청자

전남 영암군 군서면 구림마을에는 영암도기박물관이 있다(그림 3-3). 이 박물관은 1986년과 1996년 이화여자대학교 박물관에서 영암군 구림리 가마터(窯址, 사적 제338호) 발굴을 계기로 탄생되었다.

구림리 가마터는 군서면 서구림리 남송정마을에서 '돌정고개'라고 불리는 구릉에 자리 잡고 있다. 이곳은 국내에서 가장 이른 시기

---

11. 엄승희. 2023. 아사카와 노리타카와 야나기 무네요시를 통해 본 일제 강점 중반의 한국 도자 연구 동향 : 전남 곡성군 하한리 가마터를 중심으로. 한국도자연구 20(1):65~82.

(8~9세기)에 시유도기(施釉陶器)가 만들어졌는데, 시유도기는 유약을 바른 도자기이다.

우리나라에서 신라 및 가야 토기는 질적으로 가장 우수한 것으로 1,200℃ 이상이나 올라가는 높은 온도에 환원번조(還元燔造)[12]한다. 표면색은 회청흑색이고 무쇠같이 단단한 것이었다. 이것은 고온에서 도자기를 굽게 되면 바탕흙에 함유된 성분과 땔감이 타면서 발생하는 재가 반응해 자연적으로 유리질이 형성된 자연유(自然釉) 때문이다.

그런데 영암군 구림리 가마터에서 확인된 통일 신라 시대의 유물에는 시유도기와 같이 인공으로 만든 잿물을 도기에 바른 회유도기(灰釉陶器)가 출현했다. 회유도기는 치밀한 회청색 바탕흙에 유약을 바른 후 굽게 되므로 청자 제작의 직전 단계까지 도달하였다고 할 수 있다. 이것은 강진과 해남 등 서남해안 일대에서 국내 최대 규모로 왕성하게 생산하였던 청자의 발생 배경이 된 것과 함께 조선 시대 옹기, 백자 등 고온 유약 도자기의 원조로 불린다.

영암은 통일 신라 시대 시유도기 시원지로, 고온 유약 도자기의 발전을 태동시킨 곳이라면 해남은 그것을 활용해서 초기 청자인 녹청자를 만든 발상지라 할 수 있다.

녹청자(綠靑瓷)는 녹색기를 띠는 청자로, 9~12세기까지 서남해안

---

12. 가마 속에 유약을 바른 도자기를 넣고 구을 때 한참 불을 땐 뒤에 불구멍을 닫아 산소가 들어가지 못하도록 하여 굽는 방식이다.

을 접한 북녘의 황해도 봉천군 원산리, 인천광역시 서구 경서동, 경기 고양시 원흥동 등 경기 지역, 충남 공주와 서산, 전북 진안과 부안, 전남 강진과 고흥 등 여러 지역에서 생산된 흔적이 발견되고 있다.

그런데 해남 녹청자는 8~9세기부터 생산됐던 것으로 추정되어 다른 녹청자 산지보다 앞서는데, 그것은 도기에 유약을 입힌 영암의 시유도기와 무관지 않아 보인다.

해남의 녹청자 가마터는 1983년 처음 발견된 후 산이면 진산리, 초송리, 구성리와 화원면 신덕리, 사동리 일대에서 156기가 발굴됐고, 아직 발굴되지 않은 곳까지 포함하면 대략 300기가 넘는 것으로 추정되고 있다.

해남은 1983~1984년에 완도군 약산도 인근 바다에서 고려 배와 함께 인양된 3만 점이 넘는 녹청자와 2003년에 군산 십이동파도 앞바다에서 인양된 8천여 점의 녹청자 등 유물로 보아 녹청자를 가장 많이 생산하던 지역이었던 것으로 추정된다.

녹청자는 색깔 등 몇 가지 이유로 질그릇에서 청지로 번천히는 과정의 초기 청자라는 인식이 있었다. 그러나 모래가 많은 거친 점토를 수비와 정제(水飛·整齊) 과정 없이 그대로 사용해 고운 흙을 사용한 청자와 다르고, 용도 또한 생활용의 막청자로 널리 제작 사용된 차이점이 있다.

그런 가운데 해남 녹청자 제작에 사용된 유약은 후대에 나타나는 고려청자 및 백자, 그리고 조선분청자 및 백자와 동질의 것으로 패석회를 매용제로 한 칼슘 유약으로 자기를 만드는 효시가 된다. 태토(胎土) 또한 한반도 서남단 지역에 많이 매장되어 있는 가소성 높은 천혜의 조점토(粗粘土)를 사용함으로써 조형 감각을 다양하게 개발하고 녹청자, 청자, 분청자로 이어지는 조점토 태토 계열의 변화 발전 과정의 시원을 이루고 있다.[13]

그림 3-3. 영암도기박물관

강진 고려청자

우리나라 공예를 대표하는 것은 고려청자기이다. 이 청자기야말로 비단 한국 공예사에서만 자랑이 되는 것이 아니라 세계 공예사

13. 정기봉. 2007. 해남 녹청자의 특성 분석 및 재현에 관한 연구. 호남대학교 석사학위논문.

에서도 그 존재가 뚜렷하다는 것은 자타가 공인하는 사실로 되어 간다.[14]

고려 시대의 문인이자 학자였던 이규보(1168~1241년)는 자신의 글에서 고려청자의 아름다움에 대해 "벽옥처럼 푸르고 수정처럼 밝다"라고 칭송했다. 청록의 상징적인 색상과 완벽하게 균형 잡힌 형태의 고려청자는 신비한 아름다움을 간직하고 있다. 도자기 표면에 새겨신 학은 날개를 펴고 하늘을 향해 날아가는 것처럼 보인다. 청자 위에 활짝 핀 모란은 마치 꽃잎이 숨을 쉬는 듯 생생하게 그려져 있다.

이 아름다운 청자의 뿌리가 되는 자기는 도기보다 더욱 높은 온도로 굽는 것으로 중국 한(漢)나라 시대에 처음 만들어졌고, 당(唐)나라, 송(宋)나라 시대를 거치면서 더욱더 발전했다. 중국 송나라에서 처음 만들어진 청자는 도자기를 구울 때 표면에 달라붙은 나뭇재가 푸른색으로 변한 데서 힌트를 얻어서 탄생되었다.

우리 땅에서 청자가 제작된 시기는 통일 신라 말에서 고려로 이어지는 9~10세기다. 이때는 청자가 만들이지고 백자도 일부 만들어져 자기(磁器)로서 완성되는 시기이며, 장보고(張保皐)가 강진 바다 건너 완도에 터를 잡고 청해진 대사로서 해상 교역을 활발하게 한 시기와 일부 겹친다.

---

14. 김재원. 1955. 고려청자의 연원. 경향신문 1955. 10. 11.

그러나 이 시기에 만들어진 것은 현대에서 말하는 청자와 백자같이 완전한 자기는 아니며 완전한 자기로 발전하는 과정이다. 이때 청자·백자 이외에 흑유자도 일부 특수한 지역(전남 고흥군 두원면 운대리)에서 약간 만들었으며, 점차 고려도자기가 다양화되는 시기였다.

고려청자에 대한 오래된 유물에는 개성지구 고분에서 도굴 출토되어 국보로 지정된 순화사년명호(淳化四年銘壺)가 있다. 기록에는 1123년 중국 북송에서 온 사신 서긍(徐兢)이 쓴 《선화봉사고려도경(宣和奉使高麗圖經)》에 도기에 관한 글과 중국 남송(南宋) 태평노인(太平老人)의 《수중금(袖中錦)》에 고려비색(高麗秘色)이 기록되어 있다.

순화사년명호의 바닥에는 순화사년계사태묘제일실향기장(淳化四年癸巳太廟第一室享器匠) 최길회조(崔吉會造)란 명호가 있다. 그 그릇에 써진 글씨에 의하면 고려 6대 성종 12년(993년)에 고려 태조의 사당 제기인데 도장(陶匠) 최길회가 제조했다는 것이다. 이 그릇은 제작수법이나 유색으로 보아 약간 조황(粗荒)하고 산화된 청자기(靑瓷器) 계에 속하는 것이다.

서긍의 기록에는 고려의 청자 그릇에 대해 모양은 정기제도(定器制度)[15]에 있는 북송정주요(北宋定州窯) 통칭 정요(定窯)를 본떴고, 그

---

15. 중국 천진(天津) 동남쪽에 위치.
16. 중국 당나라 말부터 송나라 초 사이 오대 시대(907~959년)에 절강성(浙江省) 온주부(溫州府) 항주(杭州) 근처에 있었던 월주요(越州窯) 생산의 청자기(靑瓷器)를 일컬음.
17. 중국 북송 시대에 하남성(河南省) 낙양(洛陽) 남쪽에 창설했던 새로운 청자요(靑瓷窯)를 일컬음.

색은 월주고비색(越州古秘色)**16** 또는 여주신요기(汝州新窯器)**17**와 비슷하다고 했다.

중국 남송의 태평노인은 《수중금》에서 "거란 말안장, 서하(西夏,**18** 1038~1227년)의 검, 고려의 비색은 천하제일이다(契丹鞍, 西夏劍, 高麗秘色, 皆為天下第一)"라고 했다. 서긍이나 태평노인은 고려청자를 매우 높게 평가했는데, 그보다 최소한 130여 년 전에 만들어진 순화사년명호는 품질이 조황(粗荒)하다. 그리므로 순화사년명호기 만들어진 993년부터 서긍이 고려를 방문한 1123년 사이에 고려청자는 비약적인 발전을 했음을 추측할 수가 있다.

그런데 서긍이 중국 오대십국 시대(五代十國時代, 907~979년)의 월주고비색(越州古秘色) 자기와 비교한 글로 보아 월주요(越州窯)를 연상케 해 그 영향을 받아 발전했거나 자극을 받아 그 수준을 뛰어넘은 수준으로 되었음을 알 수 있다.

하지만 이 시기에 고려는 국내와 거란 등의 사정으로 인해 송나라와 문화교류가 여의치 못하다가 고려 11대 문종(文宗, 1046~1083년) 때에 이르러서야 송나라와 교역이 자유롭게 되었다.

한편, 고려청자 생산지는 고려의 수도와 멀리 떨어진 전남 강진과 전북 부안이었는데, 이곳 산지들은 고려청자 초기부터 말기까지 이어졌다. 이 두 군데는 중국 양자강(揚子江) 남쪽 항주(杭州) 부근에 있

---

18. 1038년에서 1227년까지 중국 북서부의 간쑤성(甘肅省), 산시성(陝西省)에 위치했던 티베트인의 분파인 탕구트족의 왕조이다.

었던 월주요(越州窯)의 기술이나 제품이 해로(海路)를 통해서 쉽게 올 수 있는 곳이었다. 반면에 고려 수도 개경은 거란(契丹)으로 인해 월주요의 기술이나 제품의 접근성이 떨어졌다.

중국 송나라 때 도자기는 월주요를 비롯해 남방청자가 주류를 이루었는데, 이때 거의 환원염번조 기법을 사용했다. 중국에서 환원염 기법은 지역적으로 남방계였고, 송나라 청자의 주류는 남방계였다. 북방계는 산화염이었는데, 고려가 원나라의 지배를 받았던 시기는 북방계 산화염번조(酸化焰燔造) 기법이 성행해 환원염에는 그다지 신경을 쓰지 않았다.[19]

도자기에서 산화염과 환원염은 도자기를 굽는 불에 관련된 것으로, 산소가 충분해서 완전히 깨끗하게 연소되는 불은 산화염이라 하며 붉은색을 띤다. 반면에 산소가 부족한 상태에서 연료가 덜 타면서 연기가 나는 불은 환원염인데 푸른색을 띤다.

강진 청자는 중국 월주요(越州窯)의 영향을 받은 것으로 추정된다. 그러나 자기를 완전히 건조시키기에 앞서 무늬를 음각하거나 찍고 그 자국에 백토나 적토를 메워 초벌구이를 한 후 청자유를 발라서 굽는 '상감법'은 우리나라의 독창적인 방법이다. 또한 청자의 은은한 푸른빛은 세계 어디서도 흉내내기 어려운 독특한 색감을 자랑한다.

---

19. 김재원. 1955. 고려청자의 연원. 경향신문 1955. 10. 11.

국보와 보물로 지정된 청자의 70%가 강진에서 만들어졌을 정도로 강진은 세계적으로 우수한 고려청자의 산지였다. 1936년 8월 2일에 발행된 〈조선일보〉 '이조 도자기 소고'[20]에는 "강진에서 상품 고려자기를 많이 소성한 것만큼 상당한 자기가 많이 출토된다. 현금(現今)에는 고려자기가 전부라고 해도 과언이 아닐 만치 이 지방에서 나온다"[21] 라는 내용의 기사가 있다.

강진은 그만큼 고려청자의 명산지였다. 전남 강진군 청자 장인들은 대구면 청자촌길에 있는 고려청자박물관(그림 3-4) 인근을 중심으로 그 명성을 다시 이어가고 있다.

그림 3-4. 강진에 있는 고려청자박물관

20. 박병래. 1936. 이조 도자기 소고. 조선일보 1936. 8. 2.
21. 박병래. 1936. 이조 도자기 소고. 조선일보 1936. 8. 2.

고흥과 무안의 분청사기

천하제일 비색을 자랑하던 고려청자의 중심지였던 전남 강진의 자기소(磁器所)는 1370년대 이후 그 기능이 붕괴되기 시작하여 상감청자 유형의 제작기법이 전국적으로 확산되었다. 중국에서 14세기는 자기 생산이 청자에서 백자로 전환되는 시기였고, 고려는 정치적인 불안 속에서 조선으로 왕조가 교체되는 혼란기였다.

고려가 망한 뒤 시장을 잃은 청자 도공들은 무안 등 각지로 흩어져 호방하고 파격적인 자기들을 만들었다. 청자의 기법을 이어받으면서 그릇에 백토를 칠한 뒤 그 위에 담청색의 청자유(靑磁釉) 또는 백자유(白磁釉)에 가까운 유약(釉藥)을 발라 구워냈는데, 그것이 분청사기이다. 이 분청사기는 일본인들에 의해 미시마(三島), 미시마테(三島手), 하케메(刷毛目), 고히키(粉引)라는 일본어로 표기되다가 분청(粉靑),[22] 분청자(粉靑磁),[23] 분청도자(粉靑陶磁)라는 이름이 쓰였다.[24]

1941년에 발행된 《조광》 10월호에서 고유섭 선생은 '고려도자(高麗陶磁)와 이조도자(李朝陶磁)'라는 글에서 "분장회청사기(粉粧灰靑沙器)라고 부르는 것이 타당하다"라고 주장하였는데, 이후 분청(粉靑) 등의 용어가 사용되다가 현재는 분장회청사기(粉粧灰靑沙器)를 약칭한

22. 조선일보. 1957년 6월 24일. 전통을 찾은 도자공예미.
23. 고유섭. 1934. 내 자랑 내 보배 우리의 미술과 공예 (8). 동아일보 1934. 10. 17.
24. 고유섭. 1934. 내 자랑 내 보배 우리의 미술과 공예 (완). 동아일보 1934. 10. 20.

분청사기(粉靑沙器)라는 이름이 사용되고 있다.

분청사기의 기법에는 상감, 인화, 박지, 철화, 조화, 덤벙, 귀얄 등이 있으며, 번조(燔造)에는 고려 말기부터 도자기 제조에 일부 사용된 산화염번조(酸化焰燔造)와 중성염번조(中性焰燔造)가 일부 사용되었다.

광주광역시에 있는 국립광주박물관에서 발간한《전남지방 도요지 조사보고》(1986~1996년)에 의하면 분청사기의 도요지는 고흥군에 15~16세기의 것 25개, 무안군에 15~16세기의 것 12개, 장성군에 16세기의 것 7개, 곡성군, 순천시, 여수시에 15~16세기의 것 14개, 함평군에 16~17세기의 것 5개, 나주시에 초기의 것 3개 등 각지에 분포되어 있으며, 시기적으로도 다양하다.

가마터는 1996년 이후에도 추가로 발굴된 곳들이 많이 있는데 전체적으로는 고흥과 무안지역에 많이 있다. 고흥에 있는 국내 최대

그림 3-5. 고흥분청문화박물관

규모의 분청사기 요지는 국가지정문화재 제519호로 지정되었다. 고흥군은 고흥군 두원면 분청문화박물관길 99에 고흥분청문화박물관을 설립하여 2017년 10월 31일 개관했다(그림 3-5).

무안의 분청사기는 야마다 만키치로(山田萬吉郎)라는 일본인이 1910년부터 1945년까지 35년여를 무안지역에 살면서 가마터와 분청사기를 연구해《미시마 하케메(三島刷毛目)》란 이름의 책을 발간했을 정도로 관심을 끌었던 지역이고, 무안분청이라는 고유명사가 전해져 온다.

무안분청은 과거에 보성, 광주, 나주, 함평, 무안 등 전라도(全羅道) 서남해안지역(西南海岸地域)과 내륙지방(內陸地方)에서 생산되는 자기들이 무안분청(務安粉靑)이라는 고유명사로 통칭되었고, 무안물(務安物)이라는 이름으로 거래되었다.[25]

그림 3-6. 무안군 몽탄면에 있는 분청사기 명장전시관

25. 山田萬吉朗. 1943. 三島刷毛目. 寶雲舍.

고유명사처럼 사용되었던 무안분청은 무안 한 군데만이 아니라 영산강 일대의 분청사기를 포괄하는 광역 개념으로 사용되었다. 이는 무안이 영산강 분청사기의 핵심 지역이라는 의미로 사용되었다고 볼 수가 있다. 무안 분청사기는 무안군 몽탄면에 있는 분청사기 명장전시관 등에서 볼 수 있다(그림 3-6).

목포와 무안의 도자기

일제 강점기 전남에서 생산된 물품의 통계자료에는 도자기가 별도로 구분되어 있고, 여러 지역에서 생산되었던 것으로 나타나 있다. 그러나 도자기 생산지 등에 관한 구체적인 자료는 찾아보기가 힘들다.

〈동아일보〉 1924년 1월 28일 '무안 주요 물산' 기사에는 "전남 무안군청에서는 작년도 당지 주요 물산 제조 호수 및 연산액을 임시 조사하였다는데, 도자기 및 소물(燒物)의 가구 수는 64호, 연산액은 54,095원(圓)이다"라는 내용 외는 관련 자료가 많지 않다.

무안의 도자기에 관한 기사에는 목포로 나와 있는 것도 있다. 다음은 〈동아일보〉 1926년 8월 4일 기사이다.

"목포부(木浦府)라 칭하였는데, 현재(1926년) 거주하는 조선인이 약 3,706호에 16,275명이며, 일본인이 약 1,484호에 7,368명이며, 중국인이 49호에 891명이다. (중략) 주요 공산물은 면포(綿布), 죽제기(竹製器), 도자기 및 소물(燒物) 완석 등인데 죽제기의 주산지는 망운이며, 도자기 및 소물의 주산지는 망운, 현경, 해제(海際), 박곡(朴谷)이다."[26]

목포부(木浦府)는 일제 강점기와 광복 후 1949년까지 존재했던 행정구역으로 현재의 목포시에 해당한다. 목포는 조선 시대에 나주목 무안현에 속했다. 1896년에 무안군으로 개편되었으며, 1897년 목포가 개항하면서 1906년 무안부로 승격되었다.

일제 강점기인 1910년 9월 30일 공포, 10월 1일 시행된 〈조선총독부지방관관제〉에 따라 무안부가 목포부로 개칭되었다. 1914년 4월 1일 목포부가 분해되어 도시 지역인 부내면만 목포부로 남고, 부내면을 제외한 나머지 여러 지역은 무안군으로 개편되었고, 1949년 목포부가 목포시로 개칭되어 현재에 이른다.

도자기 및 소물의 주산지인 망운, 현경, 해제는 그 지명이 지금도 있으나 박곡은 없다. 박곡은 1932년 11월 11일에 석진과 병합하여 석곡면(石谷面)이라 하였다가 1939년 4월 2일에 몽탄면으로 고쳐서 사용하고 있다. 그러므로 근대에 무안의 도자기 주산지는 망운, 현경, 해제, 몽탄이다.

질 좋은 고령토와 풍부한 땔감을 바탕으로 도요지(陶窯址)가 번성했던 목포에는 2006년에 한국산업도자전시관이 설립되었고, 이것

---

26. 동아일보. 1926년 8월 4일. 순회탐방 (34) 목포지방대관.

은 2008년에 목포생활도자박물관으로 명칭을 변경해서 운영되고 있다(그림 3-7).

그림 3-7. 목포생활도자박물관

곡성군 죽곡면 하한리 도자기

전남에서 도자기 공방이나 업체는 현재 강진, 목포, 무안 등 서남부권에 집중돼 있다. 서남부권에는 강진의 청자, 무안의 분청자기 등 역사적인 자료도 많은데 비해 동부권은 도자기의 불모지라 생각하기 쉽다.

그런데 곡성군 죽곡면(竹谷面) 하한리(下汗里)에는 19세기 말경에 옹기가마 한 군데, 백제가마 세 군데가 형성되었다. 이중 세 개의 도자기 가마는 일제 강점기에 생업으로 유지되었던 지역이다. 죽곡면 하한리의 도자기 생산과 가마는 현지를 조사한 아사카와 노리타카

(浅川伯教)[27]와 야나기 무네요시(柳宗悦)[28]의 기록에 남아 있다.

아사카와 노리타카는 일찍이 전라남도와 경상남도를 아우르는 섬진강 주변을 탐사하는 과정에서 곡성군 죽곡면 하한리에 요업촌이 형성된 것을 알게 되었다. 이후 그는 하한리 주변의 원토(原土)가 우수하다고 판단해 1933년에 하한리에서 약 15일간 체류하면서 직접 도자기를 만들고 조사했다. 아사카와 노리타카의 기록에 의하면 당시 총 3개의 가마가 있었는데, 한 군데에서는 찻잔을 구웠고, 나머지 두 군데에서는 청자를 구웠다.

아사카와 노리타카에 의하면 죽곡면 하한리 도자기에 사용된 흙은 가마터가 인접한 곳의 것을 사용했으며, 유약은 순천과 남원에서 흙을 구입해 사용했다. 가마의 한 방에서는 평균 500~600개를 구웠는데, 대체로 5~6일을 구비하여 약 3,500~4,000개가 한 가마에서 생산되었다. 제작 과정에서 불을 지피는 땔감은 당일 수확한 소나무 원목을 사용했다.

죽곡면 하한리의 장인들은 지역 원토를 활용하여 매우 특색 있고 지방 고유의 민예적인 도자들을 구웠다. 생산품은 주로 지역 간에 유통되는 저렴한 그릇들 위주였으며, 가격은 1930년대 기준 그릇 1개

---

27. 아사카와 노리타카(1884~1964년)는 일본의 조각가이며, 한반도 도자기 연구가이다.
28. 야나기 무네요시(1889~1961년)는 1916년에 처음으로 조선에 들어온 후 1940년대까지 20회 정도 방문하면서 우리나라의 공예품에 관해 연구했다. 그는 1924년에 경복궁 집경당에 조선민족미술관(朝鮮民族美術館)을 설립하였다. 그리고 한국 민예미(民藝美)를 소개할 수 있는 각종 공예품들과 도자 유물들을 일반 대중에게 소개하는 장을 마련하였다.

에 약 5,000원(175엔)이었다. 상태가 불량한 것들은 이보다 좀 더 낮은 가격에 거래되었다.

색은 다른 지역에서 쉽게 보기 드는 다홍색을 띠고 도자기 표면에 유약이 용융되면서 발생하는 빙렬이 있었다. 아사카와 노리타카는 하한리의 생산품 중에서 사발, 주발 등 발류 계통은 '사목고태(砂目高台) 발형(鉢形)'으로 분류했다. 사목고태식 발(鉢)이란 굽으로부터 동체 중간까지 가파르고 유연한 곡신을 유지하지민 이후 구연부까지는 직립하는 형태를 갖춘 것들이다.

1937년에 발간된 야나기 무네요시의 《전라기행(全羅紀行)》에는 곡성군 죽곡면 하한리 도자기 생산지에 대해 자세히 소개되어 있다. 야나기 무네요시는 곡성의 도자기 가마터를 1937년에 2회에 걸쳐 방문했으며, 그것을 기록으로 남겼다. 그는 하한리 일대의 도자기업에 대해 '자연적인 환경' 속에서 '나쁜 것이 나타나지 않은 올바른 형태'라는 견해를 가지고 있었으며, "옛것과 비교하여도 전혀 손색이 없으며, 그 아름다움은 얕은 아름다움이 아니다"라고 했다.

종합히면 히한리 지역의 주요 생산품은 전통 양식에서 크게 벗어나지 않은 관상용 백자와 식기, 다완, 상사기, 항아리, 옹기 등 생활용기였으며, 이들은 대부분 인근 주민들의 수급품으로 생산되었다.[29]

---

29. 엄승희. 2023. 아사카와 노리타카와 야나기 무네요시를 통해 본 일제 강점 중반의 한국 도자 연구 동향 : 전남 곡성군 하한리 가마터를 중심으로. 한국도자학연구 20(1):65~82.

2
옹기

옹관과 전남의 옹관묘

옹기(甕器)는 원래 질그릇과 오지그릇을 아울러 이르는 말이다. 질그릇은 진흙만으로 반죽해 잿물을 입히지 않은 채 900℃ 내외에서 연막을 먹이며 구은 것으로 윤기가 나지 않는 그릇이다. 오지그릇은 질그릇에 잿물을 입혀서 1,100℃ 내외에서 구운 것으로 윤이 나고 단단한 그릇이다.

옹기(甕器)에서 옹(甕)자는 독 옹, 단지 옹 및 항아리 옹자이다. 여기에 그릇이라는 뜻으로 그릇 기(器)자가 더해져 사용된 것으로 추정된다.

근대 이후에는 질그릇의 사용이 급격히 줄어들면서 찾아보기 힘들게 되었고, 주로 오지그릇만 사용되다 보니 옹기는 오지그릇을 지칭하는 말로 쓰이기도 한다.

옹기의 역사는 상고 시대까지 거슬러 올라간다. 상고 시대의 유물을 보면 관(棺), 제기(祭器), 식기(食器), 솥 등 광범위하게 사용되었음을 알 수가 있다.

옹기가 관으로 사용된 것은 나주와 영암 등 영산강 유역에서 발견된 것으로 국립나주박물관, 나주복암리고분전시관에 전시된 옹관을 통해 확인할 수가 있다.

옹관은 독널이라고 하며, 옹관을 사용한 묘는 옹관묘(甕棺墓) 또는 독무덤이라고 하는데, 흙으로 빚어 구운 용기를 관처럼 사용한 것으로, 주검을 묻은 무덤의 한 유형이다. 형태는 크기가 같은 독은 아가리를 맞대고, 크기가 다른 것은 한쪽을 약간 삽입시킨 이음식(합구식 : 合口式)이 일반적이다. 외독식(단옹식 : 單甕式)과 3독식(삼옹식 : 三甕式)도 있으나 그리 많지는 않다.

어느 형식이건 모두 이음매나 아가리를 차진 진흙을 두껍게 발라 밀폐시키고 있다. 이러한 독무덤은 항아리 모양의 토기를 사용한 것이 특징이다.

옹관을 사용한 문화는 중국 산동 지역, 일본 규슈 지역, 라오스, 베트남 등 동남아시아 지역에서도 확인되고 있으나 우리나라 옹관묘처럼 대형인 것은 찾아보기 힘들다. 우리나라에서 대형 옹관묘는 영산강 유역 마한 사회를 상징하는 것으로 특히 나주와 영암을 중심으로 발달했다.

나주와 영암 지역에서 발굴된 옹관은 어른을 뉘어서 안치(신전장 :

伸展葬)할 수 있는 충분한 크기로 2m 정도 된다. 이들 옹관은 나주 오량동 토기의 요지(사적 제456호)에서 구웠던 곳으로 알려져 있다.

어른 키보다 큰 옹관은 도구가 발달한 오늘날에도 만들기가 쉽지 않다(그림 3-8). 그런데 나주 오량동 토기의 요지 조사 결과에 의하면 나주에서는 5세기 후반에 이미 대형 항아리를 만드는 기술을 확보하고 있었다.

그 당시 대형 독널을 만들 수 있었던 핵심 기술은 성형 과정에서 테쌓기 기법(윤적법 : 輪積法)이다. 테쌓기는 점토를 가래떡처럼 만든 다음 똬리 모양으로 쌓아 올리면서 옹기를 만드는 방법이다. 전남 은 이처럼 고대부터 대형의 옹관을 만드는 우수한 기술을 확보하고 있었던 곳이다.

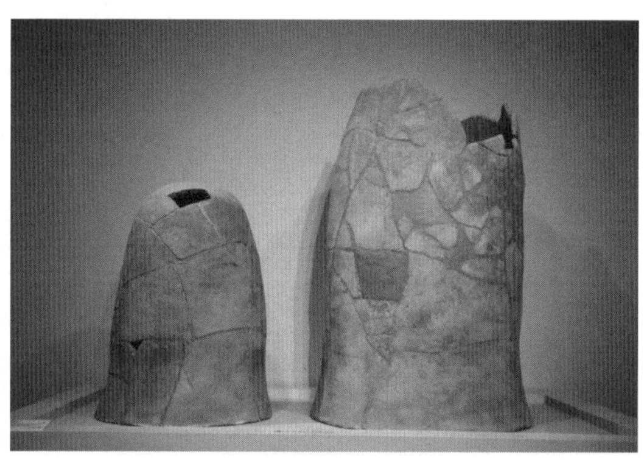

그림 3-8. 영산강 유역에서 발굴된 옹관(영암도기박물관의 전시물)

옹기 문화와 옹기장

우리나라의 역사와 민속 관련 박물관에서는 상고 시대의 옹기 유물을 흔히 볼 수 있다. 그만큼 옹기는 우리 민족의 생활과 밀접한 관련을 맺으면서 발전해왔으며, 음식을 담고, 음식을 저장하고, 음식을 담아 이동하는 용기로서 없어서는 안 되는 존재였다.

전통 주택에서는 옹기를 별도로 두는 장독대라는 공간이 있었다. 옹기의 수요가 많았던 만큼 수요에 대응하기 위해 옹기를 만드는 기술자인 옹기장(甕器匠)과 관리가 필요했을 것이다.

《삼국사기》에 의하면 신라 시대에는 와기전(瓦器典)이라 하여 옹기의 생산을 담당하는 기관이 있었다. 조선 시대《경국대전》,《세종실록지리지》,《신증동국여지승람》 등에도 옹기에 관한 내용이 다양하게 기록되어 있다.

《세종실록지리지》에 의하면 전국에 도기소(옹기점)가 185개소인데 전라도가 39개소로 가장 많고, 그다음이 충청도 38개소, 경상도 34개소, 나머지 도는 20개소 이하인 것으로 기록되어 있다.

《경국대전》에 의하면 조선 시대 14개 중앙부서에 104명의 옹기장이 소속된 것으로 나타나 있어 국가에 필요한 옹기가 상당히 많았음을 알 수가 있다.

《임원경제지》에는 총 324개의 시장이 소개되어 있는데, 옹기를 거래하는 시장은 94개인 것으로 나타나 있다. 옹기를 거래했던 시장의 비율은 곡물이나 옷감에 비해 다소 낮았으나 다른 물품에 비해 많아 옹기가 생활필수품이었으며(그림 3-9), 그만큼 옹기를 만드는 옹기장이 많았고, 기술 또한 다양하게 발전되었음을 알 수가 있다.

가정마다 있었던 장독대는 주택 구조의 변화, 아파트 문화의 보급, 옹기를 대신한 플라스틱 그릇의 보급 등으로 점차 쇠퇴했다. 그에 따라 옹기장의 수는 크게 줄어들게 되었고, 오늘날은 무형문화재로 지정하여 전승을 유지하기에 이르렀다.

그림 3-9. 과거에 옹기는 생활필수품이었다.

전남의 옹기와 쳇바퀴태림

옹기는 명칭이 다양하고 생산되는 지역에 따라 모양과 제조 기술에 차이가 있으며, 용도에 따라서도 다양한 종류가 있다. 옹기의 모양은 용도, 환경, 기후조건 및 장인에 따라서도 특색이 있다.

물항아리의 경우 충청도 지역의 옹기는 목 부분이 높고 약간 벌어진 형태가 많다. 남부 지역은 배가 볼록하게 나온 형태이지만 경상도와 전라도에서 만든 항아리 간에는 차이가 있다.

경상도 지역의 옹기는 배가 불룩하게 나온 형태이나 상체가 풍부하고 하체가 약간 홀쭉한 형으로 입 지름과 밑지름이 좁은 형태를 지니고 있다.

전라도 지역의 항아리는 다른 지역 옹기 형태보다 어깨가 좁고 배 부분이 넓어 풍만한 편이다. 밑지름과 입 지름이 거의 비슷하며, 전체적으로 원형에 가까워서 달덩이 항아리로 불리며, 용적이 크고 예술적 가치 또한 높다.

옹기의 제조과정에서 성형 방법은 주로 흙가래태림(둥근태림, 베개태림)과 쳇바퀴태림(판뜨기)으로 구분한다. 태림은 전형적인 테쌓기 방식에서 테와 테를 잇는 행위가 태리는 것에서 유래된 것으로, 태림이란 말은 '태(타)린다'고 하는 장인의 행위, 동사의 명사화라 할 수 있다.

태림 종류 중 흙가래태림은 전라도 익익 지역인 서울, 경기도, 강원도, 충청도, 경상도 등에서 사용되는 방법으로, 도자기의 테쌓기(코일링) 기법과 비슷하다. 즉, 흙 반죽을 가래떡처럼 둥글게 해서 2.5~3m 정도 길게 만든 다음 코일 형식으로 쌓아 올려 성형한 후에 도개와 수레라는 도구를 통해 기벽을 두드려 형태를 만드는 기법이다(그림 3-10).

챗바퀴태림은 잘 반죽한 점토를 부엌에서 사용하는 '체'의 둥근 프레임(챗바퀴)처럼 판장(板張)을 만들어 놓아두고 원형의 바닥을 형성한 다음 점토판을 그 위에 둥그렇게 세워 올리면서 옹기를 성형하는 기법이다(그림 3-11). 판장태림, 판장타렴법으로도 불리는 이것은 보통 흙판의 너비를 5~10cm, 길이는 2.5~3m, 두께는 1.5~2cm로 하여 쌓아 올라가는 것으로, 전라도에서만 행해지는 특이한 방법이다.

챗바퀴태림 성형 방법은 ① 큰 옹기를 만드는 데 용이하다. ② 기벽(器壁)을 만드는 데 노력을 크게 절약할 수 있어 다른 기법에 비해 옹기 성형시간이 적게 걸린다. ③ 원하는 크기의 옹기를 일정하게 만들 수 있고, 기벽의 두께가 일정하다. ④ 균형적인 형태 잡기가 용이하다 라는 장점이 있다.

그림 3-10. 전라도 외의 지역에서 주로 행해진 흙가래태림법

그림 3-11. 전라도에서 주로 행해진 챗바퀴태림법

그러나 태림질한 부분에서 건조와 소성 중에 금이 잘 가는 단점
도 있다. 옹기는 이와 같이 과거에는 제조 지역에 따라 모양과 제조
방식에 차이를 보였다.

전남 각지 옹기와 지명

오늘날 전남에서 옹기를 만들고 있는 곳은 몇몇 지역으로 한정되
어 있다. 옹기장 또한 무형문화재로 지정되어 있어 특정한 장인만
부각되어 있으나 과거에는 옹기를 만드는 곳과 장인이 전남 곳곳에
있었다. 그 당시에는 옹기 수요가 많았고, 큰 항아리는 운반성이 좋
지 않아 지역 단위에서 자급자족 형태로 이루어졌거나 뱃길이 좋은
곳에서 많이 만들어졌다.

항아리 수요 감소와 함께 옹기를 만드는 곳도 점차 줄어들어
1989년에는 충청 이남에 100여 군데 정도만 남았다. 인구가 많거나
강진군 칠량면 봉황리처럼 바닷길이 있어 유통 시장 규모가 큰 곳
들만이 남아 있었다.

1970년대까지만 해도 옹기소가 남아 있었던 곳들은 전남 강진군
칠량면 봉황마을, 광양시 덕례리, 곡성군, 나주시 봉황면 신동리, 무
안군 몽탄면, 보성군 미력면 등 상당히 됐다.

옹기를 만들었던 곳들은 마을 이름에 '독(瓮)', '점', '옹', '사기' 등

이 사용된 곳이 많다. 남도 인문학을 연구하는 이윤선 박사는《한국지명총람》의 지명에서 옹기와 관련이 있는 접두어 '점', '독(동)', '옹', '사기' 등이 나오는 지명은 168개소라고 했다.

실제로 강진군 칠량면 봉황리는 본래 '독점'이라고 부르던 마을이었다. 1970년대까지 옹기를 구웠던 나주시 봉황면 신동리 신정마을은 옹기를 굽는다고 해서 '신점' 혹은 '점등'이라 불리기도 하였다. 나주시 다시면에도 과거에 옹기를 만들었던 마을이 있었는데 점등마을이라 불리었다. 무안군 몽탄면 몽강리 점촌(신창)마을은 석정포라는 영산강을 통한 운반의 용이함으로 인해 옹기공방이 매우 번성하였던 곳이다.

무안군 운남면 신촌리는 예전에 사기(砂器)와 옹기를 굽는 마을이어서 점등마을로 불리기도 했다. 영암군 영암읍 망호리에도 점등이라고 불리는 곳이 있었다. 이 마을은 한때 25가구 정도가 살면서 옹기를 만들어 팔아 생계를 유지했다. 옹기를 만들어 영암 5일장은 물론 용왕등 앞에서 옹기를 배에 싣고 신안 등지로 가서 팔아서 생계를 유지했다.

전남 담양군 대덕면 금산리 무월마을은 옹점리라고도 하는데, 이것은 과거에 옹기를 구웠던 것에서 유래한 것이다. 전남은 마을 이름에서도 알 수 있듯이 과거에는 곳곳에서 옹기가 생산되었다.

광양의 옹기

광양에서는 1980년대 초까지 광양읍 덕례리 예구마을에 옹기 제작소가 있었다. 이 시기를 전후해서 각 곳에서 옹기 제작소가 많이 없어졌는데, 광양의 옹기 제작소는 〈조선일보〉 1979년 3월 27일 '가업 맥을 찾아 (18) 광양군 한기문 씨'라는 기사에 기록되어 있다.

기사는 1979년 기사이나 당시 한기문 장인은 61세로 1919년생이며, 가업을 이온 옹기장이었으므로 근대의 옹기를 엿볼 수 있는 대목이 있다. 기사 내용을 요약하면 이렇다.

"한기문 장인의 고향은 전북 진안군이며, 대대로 옹기가마가 있었고, 철이 들면서부터 아버지로부터 옹기 일을 배웠다. 뱀처럼 기다랗게 흙을 뽑아서 빙글빙글 틀에 올려놓고 돌려나가면 어느새 그릇 형태가 되는 게 좋았다.

한기문 장인은 광양 흙이 좋기 때문에 광양으로 이사를 와 가마를 차렸는데, 질 좋던 황토색 점토도 동이나 광산군 비아면에서 흙을 사오고 있다.

젊었던 시절에는 옹기 종류가 대단지(큰 항아리), 댕구(중형), 큰반액(뚜껑), 중반액 딸반액(손잡이 없는 뚜껑), 짝(큰 동이), 궁끼(손잡이 없는 둥근 항아리), 말단지, 모단지, 삼개단지, 판대기, 왕필대기, 장병, 약단지, 양병(술병), 시루, 툭사발옹기솥 등 많았다.

유약을 바르는 기법도 질 좋은 광양 토기의 비결이었는데, 광명단과 이산화망간을 2 대 8 비율로 잘 섞어야 누수(漏水)가 없고 때깔이 고왔다.”

이 기사 내용을 보면 옹기의 성형 방식은 전라도식의 쳇바퀴태림(판뜨기)이 아니라 흙가래태림이었음을 알 수 있으며, 유약도 전통적인 잿물이 아니라 광명단과 이산화망간을 사용하고 있음을 알 수가 있다.

한편, 나주시 봉황면 신동리 신정마을에는 1980년대 초까지 옹기가마가 있었다. 나주시 다시면 점등마을에도 옹기를 만드는 곳이 있었는데, 이 두 곳에서도 광양에서처럼 흙가래태림으로 옹기를 성형했었다. 따라서 전라도라고 해서 모든 곳에서 쳇바퀴태림법을 활용했던 것은 아니었다.

보성의 옹기

전남 보성군 미력면 도개리에는 10대에 걸쳐 300여 년 이상 물레를 돌리고 가마불을 때며 전통을 지켜온 미력옹기가 있다.

8대째 가업으로 옹기를 만들어온 미력옹기의 이옥동(李玉童, 1913~1994년), 이래원(李來元, 1919~2000년) 장인 형제는 1990년 5월에 국가무형문화재 제96호 옹기장 기능보유자로 지정받았다. 국가무형문화재로 지정된 당시 100여 곳의 옹기 제작소들은 기름 가마를 때거나 유약에 광명단을 사용하는 곳이 대부분이었다.

그러나 보성군 미력옹기의 이옥동, 이래원 장인 형제는 콩대 태운 재와 나무불을 이용해서 만들었다. 옹기의 성형 방식 또한 전라도식의 쳇바퀴태림(판뜨기)법을 고수해왔다.

미력옹기는 원래 300여 년 전 조선 후기에 전남 강진군 병영면에서 태동해 250여 년 동안 6~7대를 이어오다가 1950년에 흙과 나무를 찾아 보성군 노동면 금호리로 옮겼다. 그 후 다시 보성군 미력면 도개리로 옮겨 오늘에 이르고 있다.

미력옹기의 가업과 전통적인 옹기 제조 기능은 1976년 가업에 발을 들인[30] 이학수(1955~) 장인이 1981년부터 본격적으로 이어오고 있다.[31] 미력옹기는 2013년 12월에 전라남도 무형문화재 제37호 옹기장(기능보유자 이학수)으로 지정받았다.

강진 칠량면 옹기

강진읍에서 동쪽으로 10km 떨어진 강진만에 자리잡고 있는 칠량면 봉황리의 본래 이름은 칠량 독점이었다. 독점은 독(항아리)을 만드

---

30. 경향신문. 1997년 8월 4일. 자신의 혼을 옹기에 담는 미력옹기 장인 이학수 씨.
31. 한겨레. 1993년 2월 21일. 9대째 옹기 굽는 이학수 씨, 조상들의 옹기 사랑 대물림 밤잠 잊고 가마불질 구슬땀.

는 곳이라는 생산 단지의 이름인데, 1940년에 봉황리로 개명되었다.

봉황리 포구는 강진 고려청자 가마터와 불과 6km 정도 거리에 있는 곳이다. 칠량면 영동에는 옹기를 굽기에 적당히 차진 진흙이 천지에 널려 있었고, 산이 많아 옹기를 구울 수 있는 땔감이 많은 곳이다. 칠량면 봉황리는 해안지역이라 만들어진 옹기는 곧바로 마을 앞에 정박한 배로 실어 날을 수 있는 조건을 갖추어 대대로 옹기를 구워 살았다.

마을 한가운데에 공동으로 쓰는 가마가 5개나 있었던 봉황리는 오직 옹기(독)의 생산과 해상 판매를 했던 선원들 및 그와 관련된 일을 하는 주민으로 구성된 특수한 마을이었다. 이곳에서 생산된 '칠량옹기(七良甕器)'는 내륙지방은 물론 범선에 실려 무안, 흑산도, 완도, 진도, 멀리는 경상도, 제주도까지 팔려나가기도 하였다.

옹기로 유명했던 봉황리는 해안과 주변에 농토가 많은데 1960년대 말까지만 해도 농업과 어업을 전업하는 주민은 없었고, 오직 옹기의 생산과 판매에 관련된 일을 해왔었으나 1970년대부터는 옹기 생산이 쇠퇴했다.

1977년 1월 26일 발행된 〈조선일보〉에는 그 상황을 이렇게 묘사하고 있다.

"강진군 칠량면 봉황리는 300여 년을 대를 이어가면서 옹기만을 구웠으며, 200여 가지의 각종 질그릇을 생산, 멀리 제주도, 강원도에까지 공급해왔다. 옹기 수요가 줄어들고 수산물 수입이 증가해

1977년 1월에는 90가구 이상이 바지락 양식으로 생업을 바꾸고 10가구만 옹기를 구웠다."[32]

봉황리에서 옹기 제조는 크게 줄었으나 이곳에서 만든 옹기는 1980년대 중반까지도 인근의 섬 등으로 팔려나갔고, 봉황리에 옹기를 싣고 다니던 돛단배가 있었음은 다음 신문 기사를 통해 알 수 있다.

"간장 담기는 봄철과 가을 김장철이면 크고 작은 항아리와 소금 가마니 가득 싣고 이 섬 저 섬으로 장사길 나서던 목선 (중략) 현재 남아 있는 범선은 단 3척. 전남 강진에서 가까운 낙도를 오가며 옹기를 팔고 있을 뿐이다. 35년 동안 비바람과 싸우며 섬마을에 인정과 생필품을 실어 나르던 일성호 선장 신석천 씨(56세, 전남 강진군 칠량면 봉황리)는 '얼마 전까지 함께 다니던 배들이 퇴역해 버려 외로운 항해를 하고 있다'며, '이 배도 선령 50년이 넘는 데다 적자까지 겹쳐 폐선해야 할 판'이라고 아쉬워한다."[33]

쇠퇴하던 칠량면 봉황리 옹기는 1988년에는 3가구만 옹기를 구워 20여 년 전에 100여 호가 옹기를 구웠던 것에서 크게 감소했다.[34]

한편, 강진군 칠량면 봉황리의 전통적인 옹기 성형법은 쳇바퀴태

---

32. 조선일보. 1977년 1월 26일. 새 향토기 (3) 바지락 양식으로 변전한 강진 옹기마을 봉황리.
33. 경향신문. 1985년 12월 26일. '사라져가는 풍물'도 마지막 황포 돛대에 싣고….
34. 경향신문. 1997년 8월 20일. 칠량마을 마지막 제작자 윤영준 씨 옹기 전통 잇기 3대째 옹고집.

림법(판장타렴법)이다. 챗바퀴태림법은 2004년 전라남도 무형문화재 제37호 옹기장으로 지정되었다가 2010년에 국가무형문화재 제96호 옹기장 기능보유자로 지정되었으며, 이 마을의 정윤석(1942~) 장인이 기능보유자로 지정받아 기능을 이어오고 있다(그림 3-12).

그림 3-12. 정윤석 장인이 만든 옹기

4장

목공예

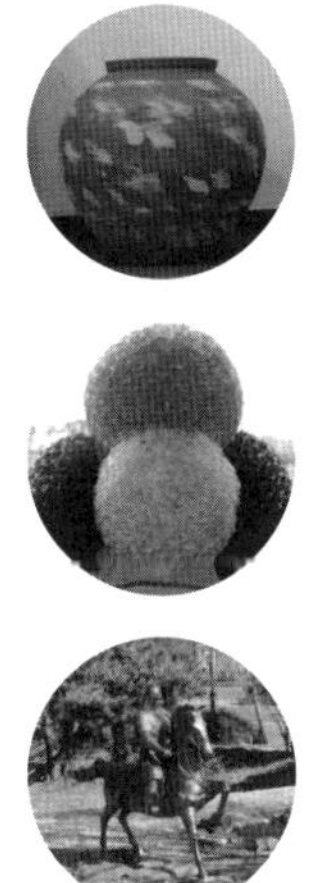

1
강진 목상여

우리나라에서는 1970년대까지만 해도 시골에서는 나무류로 많은 생활용품을 만들어 사용하였다. 마을에는 나무를 깎는 솜씨가 뛰어난 목수가 한두 사람쯤 있었다. 이들 중 전문적으로 나무로 집을 짓는 사람을 대목장(大木匠)이라 했고, 생활용품과 가구를 제작하는 사람을 소목장(小木匠)이라 했다.

소목장은 나무를 깎아 사용하는 각종 일상 가구(家具)를 비롯하여 여(轝)나 연(輦)과 같은 탈것, 제사에 필요한 각종 제기(祭器) 등 무수히 많은 종류의 목제 기물을 만들었는데, 근대에는 전문적인 조합을 결성해서 활동할 정도로 활발하게 목공예품을 제작했다(표 4-1).

근대에 전남에서 만들어진 목공예 유물은 외국은 물론 국내의 박물관, 종가 등 곳곳에서 다양한 종류를 많이 볼 수가 있다. 종류도 많고 우수한 것들이 많아 특정의 목공예품을 대표 목공예품으로 선정하기 어려운 점이 있다.

표 4-1. 1920년대 조직된 목공조합[35]

명칭	지역	시기	참여자	목적 등
순천목공조합	순천	1924년 5월 이전		
광양목공조합	광양	1925년 9월	광양군 목공인 수인	단결
목포목공조합	목포	1925년 5월 이전		
고흥토목공조합	고흥	1929년 11월	고흥 각지 목수, 포수	기술 향상, 친목 등
구례토목공조합	구례	1928년 7월 이전		

그런 가운데 광주역사민속박물관 소장품인 광주광역시 민속문화재 제4호인 강진 김해 김씨가의 상여는 1923년에 특별히 제작된 것으로, 근대 전남의 목공예 기술을 엿볼 수 있는 유물이다.

상여는 상례(喪禮) 때 시신을 묘지까지 어깨에 메어서 운구하는 방식(轝)의 제구이다. 전남에서는 상여의 명칭에 대해 상여보다는 상구, 상애, 상이, 생애, 생이 등으로 불리운 것으로 망자를 위한 작은 공간이라 할 수 있다.

조상들은 이승과 저승을 연결하는 임시적인 집이 상여라 생각해 상여는 가옥 형태로 만들었다(그림 4-1). 그렇지만 사람들이 거주하는 실제의 집과는 크게 다르며, 상여 유물 중에는 최고의 가옥 형태를 띠고 있는 것도 많이 있다. 이는 죽어서라도 호화로운 집에서 살아 보라는 의미이자 효의 상징이라 할 수가 있다.

　나무로 만든 상여는 대목장(大木匠)과 소목장(小木匠)의 기술이 동시에 적용되는 목공예품이라는 특징이 있으며, 집의 형태를 띤 상여의 외부에는 각종 인물형, 동물형, 식물형의 장식으로 치장하고, 방상시, 삽 등의 부속물을 동원하여 고인이 저승까지 가는 길을 안전하게 갈 수 있도록 바라는 내세관과 효심이 담겨 있다.[36]

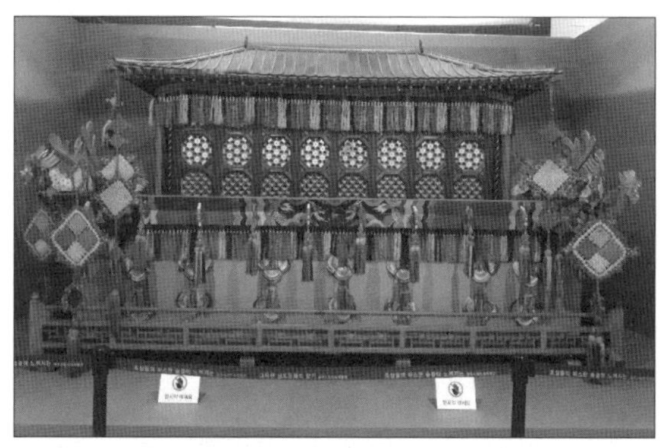

그림 4-1. 광주광역시 민속문화재 제4호인 강진 김해 김씨가의 상여로, 1923년에 강진에서 제작한 것(광주역사민속박물관 소장).

　1923년에 강진에서 제작된 상여 또한 집의 형태를 띠고 있는데, 강진의 부호인 김제지이 부친의 장례에 사용하기 위해 특별히 제작한 것이다. 이 목상여 1층과 2층 사이에는 구름 문양을 새긴 난간이 둘러져 있고, 봉황과 용무늬가 조각된 판이 달려 있다.

　2층의 벽체는 4면 모두 문(門)으로 되어 있는데, 윗부분에는 국화

<hr>

36. 윤병화·양애란. 2016. 조선 시대 상례와 상여에 관한 연구. 차문화산업학 31:1~20.

문양이, 아랫부분에는 문살무늬가 조각되어 있고, 문 위에는 술이 늘어뜨려져 있다. 상여 앞뒤에는 용머리를 새긴 판이 1개씩 있는데 한쪽은 청룡, 다른 한쪽은 황룡을 새겨 남녀 관계없이 사용할 수 있도록 되어 있다.

수식(垂飾)은 의복 등에 드리워지는 장식을 말하는데, 강진 목상여 난간을 두른 몸체의 1층에는 붉은색 공단을 씌우고 그 위에 술이 늘어뜨려져 있다(그림 4-2). 따라서 강진 목상여는 1920년대 전남의 목공예 장인의 솜씨를 엿볼 수 있는 것과 동시에 당시의 수식과 매듭 등 섬유공예 수준이 반영되어 있다.

그림 4-2. 목상여에 사용된 수식(1923년에 강진에서 제작된 것으로, 광주역사민속박물관 소장)

2

소반과 나주반

소반의 뜻과 종류

소반(小盤)은 음식을 먹을 때 밥과 반찬 또는 다른 음식을 올려놓고 먹는 상(床)이다. 수렵, 유목 단계를 거쳐 농경 시대에 이르러 정착 생활을 하면서 누구나 밥을 먹었기 때문에 소반은 과거 다른 가구와는 달리 계층을 막론하고 널리 사용된 생활필수품이었다.

가장 흔하고 많이 사용되었던 소반은 우리나라 독자적인 주방 가구이다. 중국 및 서양과 달리 우리 조상들은 온돌이니 마루 등에 앉아서 생활했으므로 생활양식의 차이로 중국 등의 영향을 그다지 받지 않은 것이 소반이다.

흔히 소반은 상(床)과 반(盤)을 구별하지 않고 혼용하는데 소반은 크게 상판(음식을 놓는 판자)과 다리로 구성되어 있다. 옛 생활에 쓰였던 소반의 상판은 지름이 50cm 정도 되었다. 이는 부엌에서 음식을 차려 안방이나 사랑방으로 옮길 때 상의 무게, 방문의 크기 등을 고려한 크기인 것으로 풀이되며, 조각보로 만든 밥상보 유물 또한 이 크기에 맞게 제작된 것들이 많다.

상의 모양은 4각형이거나 6각형, 8각형, 12각형 등 여러 각진 모양에서부터 원형, 연잎형 등 다양하나 주로 직사각형 상이 많이 이용되었다. 다리 길이는 30~40cm 정도 되는데, 이는 좌식생활에 알맞게 만들어진 것이었다.

소반의 용도는 주로 밥상으로 많이 이용된 가운데, 여러 사람이 둘러앉아서 먹을 수 있도록 만들어진 두레반, 다과상, 주안상, 약상, 찻상 등 다양하다. 재료에 따라서는 사용된 목재의 이름을 붙여 구분하기도 한다.

소반은 산지에 따라서 강원반, 경주반, 나주반, 충주반, 해주반 등으로 크게 구분된다. 이렇게 구분되는 소반은 소반의 양식에도 차이가 있어 이들 지역에서만 생산되고 이용된 것이 아니라 주변 지역에서도 생산되고 이용되었다.

나주반의 경우 전라남북도와 충청남북도 등 이용 지역이 가장 넓게 분포되어 있고, 생산 또한 반드시 나주에서만 생산된 것이 아니어서 제작과 소반의 모양을 구분짓는 양식적 특징이 강하다.

소반의 주요 산지

소반은 산지에 따라서 강원반, 경주반, 나주반, 무주반, 안주반, 충주반, 해주반 등 다양하게 구분된다. 이 중에서 나주반, 해주반, 통영반이 3대 반으로 특히 유명하다.

나주는 곡창지대와 영산강을 통한 수로의 발달 등 지리적 여건이 좋아 각종 문물이 모어드는 호남 문화의 중심지였다. 《고려사》에 따르면, 995년(고려 성종 14년)에 지금의 전북 일원을 '강남도'라 하고, 전남, 광주 일원을 '해양도'라 하였는데, 고려 현종 9년인 1018년에 행정 구역이 개편되면서 '강남도'와 '해양도' 두 도가 합쳐져 전라도가 된다. 이때 전라도는 당시 큰 도시였던 전주와 나주 첫 글자를 딴 것이었다.

지금은 광주가 호남의 중심 도시로 발전했으나 1895년 나주부가 광주로 이전하기 전까지 나주는 1,000년간 호남의 중심 도시가 되면서 공예 또한 소비와 생산 중심지로 그 수준과 위세가 높았다. 나주는 나주평야를 바탕으로 한 풍부한 자본, 수요에 대응하기 위해 형성된 우수한 공예 기술과 장인, 나주 인접 지역에서 생산된 좋은 재료를 활용한 공예품이 생산되었고, 그것들은 지금도 유물로 남아 있는데 그중의 하나가 나주반이다.

해주(海州)는 황해남도 중앙에 있는 지역이다. 과거 고구려의 영토로서 내미홀(內未忽)로 통용됐으나 고려 태조에 이르러 '남쪽으로 황해의 큰 바다에 임해 있으므로 해주'라는 이름으로 바꾸었다. 바닷가의 해주는 조선조에 이르기까지 벽란도(碧瀾渡)를 통하여 중국으로 연결되는 해상 교통의 요지이며, 해서(海西)로 통용하던 황해도의 통치 중심지로 공예 수요가 많았고 발달한 지역이었다. 그러나 1906년에 경의선 개통 과정에서 간선철도와 멀어지면서부터 발전이 저해되었다.

경남 통영은 소반뿐만 아니라 나주처럼 부채의 명산지로 알려져 있다. 나주가 나주목으로 호남의 중심지 역할을 한데 비해 고성반도 끝자락에 위치한 바닷가의 어촌 지역인 데도 부채와 소반 등 공예가 발달한 것은 조선 시대 '삼도수군통제영(三道水軍統制營)'에 그 뿌리가 있다는 주장이 많다. '삼도수군통제영'은 1592년 임진왜란이 발생했을 때 조선 조정이 경상·전라·충청도 등 3도의 수군을 지휘 통솔하기 위해 통영에 설치했으며, 초대 삼도수군통제사로 충무공이 임명되었다.

이후 군사 운용 목적에 필요한 수공업품의 제조 기술과 생산이 많았는데, 이것이 군사 목적이 아닌 일상에 필요한 다양한 용품들이 생산되기 시작했으며, 그 전통이 이어져 오면서 공예 산실로 통영의 공예를 발전시켜왔다는 것이다. 조선 시대 소반의 3대 산지는 이와 같은 배경에서 발달했고, 명성이 높았다.

소반의 양식

우리 조상들의 생활필수품이었던 소반은 수요가 많다 보니 전국 각지에서 다양한 상(소반)들이 만들어지고 유통되었다. 그러한 소반 중에서 나주반, 통영반, 해주반이 특징과 품질이 뚜렷해 이것이 산지(產地)와 형식을 지칭하는 용어로 사용되고 있다.

양식화된 소반 중 나주 소반은 나주반(羅州盤) 또는 나반(羅盤)으로 불린다. 나주라는 명칭이 사용되지만 나주에서만 만들어지거나 사용된 것은 아니고 전라남북도와 충청남북도에서도 사용되는 등 가장 널리 분포된 소반이다.

통영반(統營盤)은 통영상(統營床) 등으로 불리면서 주로 통영 지방과 일대에서 제조 생산되었다. 해주반(海州盤)은 황해도 해주 지방과 일대에서 생산과 이용이 되었다.

이들 소반은 산지 차이뿐만 소반의 제작 방법과 모양에 따라서 차이가 있었는데, 주로 변죽을 만드는 방법, 상판과 다리의 연결, 운각, 중대, 다리 등에 차이가 있으며, 이것이 각각의 소반을 구분하는 특징이 된다(표 4-2).

산지별 소반의 제작 방식과 모양은 나주반의 경우 상판은 장방형, 다각형 등 다양하다. 다리는 원통형이 많고, 대나무 마디형(竹節形)에 개다리(狗足), 고양이 다리(猫足), 호랑이 다리(虎足) 등의 유형이 있다. 전체적으로 간결 소박한 품격을 지니고 있으며, 견고하고 쓰기 편하게 되어 있다.

통영반은 장방형의 단조로운 상판과 장식이 없는 원통형의 네 다리가 곧은 형태이며, 자개로 장식된 것들도 있다(그림 4-4). 해주반은 통판으로 된 상판과 두 개의 판재에 여러 가지 무늬를 투각한 다리로 구성되어 있는 것이 특징이다(그림 4-5).

표 4-2. 소반의 종류별 차이

구분	나주반	통영반	해주반
상판과 변죽	대부분 상판에 변죽이 접합됨	변죽을 남기고 파낸 한 장의 판	변죽을 남기고 파낸 한 장의 판
다리	주로 원통형이며, 구족(狗足), 묘족(猫足), 호족(虎足) 모양의 다리임	원통형으로 곧은 형태임	좌우 양면 끝 쪽에 투각한 판을 책상다리처럼 붙임
다리의 연결	운각을 끼워 상판에 고정시켜서 연결함	상판에 직접 고정해서 연결함	상판에 직접 고정해서 연결함
중대 (中帶)	다리 네 변을 두르는 중대가 없거나 다리의 중간보다 조금 위에 한가락 있는 경우도 있음	네 변에 상하 두 단의 중대를 둘림	없음
운각과 난간	상판 아래의 네 변에 구름 모양(운문각)으로 만든 판을 붙임	상판과 윗중대 사이의 네 변에 문양을 새긴 판을 붙임	상판 아래의 앞과 뒤쪽에 풀잎 무늬를 투각한 것을 덧댐
문양과 자개	운각에 구름	난간에 문양을 사용함	다리에는 만자(卍字), 희자(囍字), 꽃 등의 무늬를 대칭으로 투각하여 장식함
기타	동물 다리 등을 활용함	자개를 붙인 것도 있음	

나주반의 변죽과 다리의 연결

나주반, 통영반, 해주반의 구조를 비교해 보면 대체로 나주반은 상판에 두꺼운 변죽을 붙이는 데 비해 통영반과 해주반은 변죽을 남기고 파낸 한 장의 판으로 이루어져 있다.

나주반이 상판을 붙여 만드는 것은 생산성을 높이고 목재의 활용도를 높이기 위함이다. 소반의 이용 측면에서 변죽은 여름에 팽창하고 겨울에 수축하는 목재의 특성으로 상판이 휘거나 갈라지는 것을 막기 위해서다. 좋은 나주반은 상판과 변죽의 이음매가 틀어지거나 틈이 생기지 않는 것이다. 나주반의 변죽은 또한 다른 지역에 비해 상의 규모를 크게 제작할 수 있는 장점이 있다.

나주반은 상판 바로 아래에 운문각(雲文脚) 또는 운각(雲脚)으로 불리는 것을 붙인다. 다리는 상판에 바로 붙이는 것이 아니고 이 운문각에 붙여서 연결한다. 그리고 네 개의 다리에는 중대라는 것을 연결한 것도 있다(그림 4-3).

통영반과 해주반은 상판 아래 좌우 양쪽 끝에 다리를 상판에 직접 붙인다(그림 4-4). 해주반의 다리는 널빤지 형태의 것에 연화문, 당초문, 화조문 등 조각을 한 것이 특징이다(그림 4-5).

이상 세 종류 외에 가장 많은 형태의 하나로 개다리소반(狗足盤)이라는 것이 있다. 이것은 소위 고양이 다리(猫足)와 같이 부드럽게 굽어 하단이 안쪽을 향한 네 다리를 지니고 있다.

다리는 대체로 사각이며, 상판과의 접합 부분이 두껍고 소박하며, 문양이 거의 없어 튼튼하게 보인다. 족대(足臺)는 있으나 중대는 없다. 다리를 상판에 붙이는 구조는 대략 나주반과 같은 형식이며, 이 형태는 비교적 오래된 것에서 많이 볼 수가 있다.

그림 4-3. 나주반의 특징

그림 4-4. 통영반의 특징

그림 4-5. 해주반의 특징

소반의 재료

소반은 부위에 따라 재료가 다르게 사용되는 경우가 많다. 그릇을 놓는 상판의 판재로 사용되는 나무는 폭이 넓으며, 뒤틀림이 적고 세공이 쉬우며, 견고하면서도 가볍고 나뭇결이 고와야 한다. 이러한 조건을 갖춘 목재료는 은행나무, 참피나무, 오리나무, 느티나무 등이 있는데, 이들 목재가 많이 사용되었다.

또한 나주반의 유물에는 소나무, 엄나무, 가래나무, 백양나무, 팽나무, 회화나무, 호두나무, 오동나무, 자작나무 등을 사용한 것들도 있는데, 아마 구할 수 있는 재목 중에서 비교적 쓸모 있는 것을 골라 사용했을 것으로 추정된다.

상의 이름은 상판에 사용된 나무에 따라, 예컨대 은행나무 상은 행자상(杏子床), 느티나무 상은 귀목반(樻木盤) 등으로 부르는 경우도 있었다.

소반의 다리는 대개 소나무, 느티나무, 오리나무, 은행나무, 단풍나무, 물푸레나무 등 견고한 재류를 사용했다. 운각은 보통 버드나무, 백양나무 등을 즐겨 썼으며, 조각을 많이 하는 부분에는 은행나무, 참피나무, 오리나무, 버드나무, 가래나무 등 세공하기 쉬운 재료를 골라 썼다.

일제 강점기 나주반 장인

나주반은 나주뿐만 아니라 전라남북도, 충청도에서 제작 및 사용되었는데, 나주반의 이름처럼 그 본류는 나주였다. 그래서 조선 시대와 일제 강점기에도 품질 좋은 나주반은 나주의 장인에게 구입했었다.

나주반의 제작 기술은 일제 강점기에도 전승이 되었고, 나주에서 만들었다. 〈조선일보〉 1926년 1월 5일 '나주목물과 이석규(李錫奎)씨 포부'라는 기사에서 나주반의 장인(匠人)인 이석규 장인을 이렇게 소개하였다(그림 4-6).

"전남 나주의 명물인 식상의장연상(食床衣欌硯箱) 기타 각종을 제조하는 주인공은 이석규(李錫奎) 옹이다. 이씨는 유년 시대부터 차업(此業)에 종사하여 지금 60세의 노령에 달한 목공가(木工家)이다. 목물의 원료는 전남 제도(諸島)와 함남 및 충남에서 나는 은행나무 및 칠목

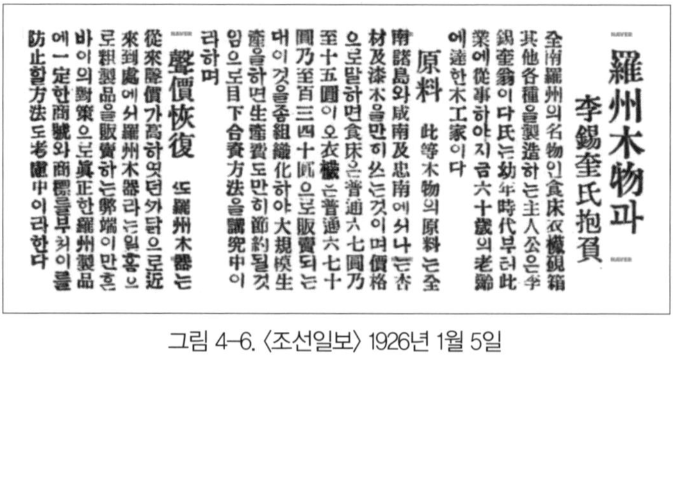

全南羅州의 名物인 食床衣欌硯箱
其他各種을 製造하는 主人公은 李
錫奎翁이다 氏는 幼年時代부러 此
業에 從事하야 지금 六十歲의 老齡
에 達한 木工家이다

原料　此等 木物의 原料는 全
南諸島와 咸南及忠南에서 나는 杏
材及漆木을 만히 쓰는것이며 價格
으로말하면 食床은 普通 六七圓乃
至十五圓이 오 衣欌은 普通六七十
圓乃至百三四十匹으로 販賣되는
대이것을 종組織化하야 大規模生
産을하면 生產費도 만히 節約될것
임으로目下合資方法을 講究中이
라하며

聲價恢復　또羅州木器는
從來聲價가高하엿던外닭으로近
來到處에서羅州木器라는일홈으
로粗製品을販賣하는弊端이만흔
바이의對策으로眞正한羅州製品
에一定한商號와商標를부처이를
防止할方法도考慮中이라한다

羅州木物과 李錫奎氏抱負

그림 4-6. 〈조선일보〉 1926년 1월 5일

을 많이 쓰는 것이며, 가격으로 말하면 식상(食床)은 보통 6~7원 내지 15원이요, 의장(衣欌, 옷장)은 보통 60~70원 내지 130~140원으로 판매되는데 이것을 좀 조직화하여 대규모 생산을 하면 생산비도 많이 절약될 것이므로 목하(目下) 합자 방법을 강구 중이라 하며, 또 나주 목기는 종내 성과가 높았던 까닭으로 근래 도처에서 나주 목기라는 이름으로 조제품을 판매하는 폐단이 많은 바 이의 대책으로 진정한 나주 제품에 일정한 상호와 상표를 붙어 이를 방지할 방법도 고려 중이라 한다."

이석규 장인에 관한 기록은 야나기 무네요시가 1937년에 공방을 방문해서 기록으로 남겨 놓은 것에도 남아 있다.

"5월 6일. 오늘은 나주로 가는 날이다. 조선의 밥상(소반)을 좋아하는 사람들은 나주 밥상의 이름을 전부터 듣고 있었을 것이다. 우리는 일찍부터 그곳을 한번 가보려고 마음먹고 있었다.

일행 6명은 아침 일찍 광주를 출발하였다. 그러나 한때 번영했다는 밥상 업자는 지금은 거의 찾아볼 수 없었다. 시내에 나가 나주반을 사려고 했으나 파는 상점이 없었다. 그러나 다행히도 이서규(李錫奎)라는 명공(名工)이 살아 있었다. 안내를 받아 그의 공방을 찾아갔다.

그는 노인이었다. 아들과 제자가 일을 도와 주문을 받았다. 이곳의 일은 상당히 엄격하다고 한다. 만들어진 것을 보니 모양과 칠이 잘되었으며, 소홀함이 없었다. 그러나 그만큼 값이 비쌌다. 생각하기에 따라서는 물건에 비해서 오히려 값이 싸다고 할 수 없을 것 같다.

우리는 이곳 나주반을 많이 주문하였다. 이 노공(老工)에게 부탁할 기회도 당분간 오지 않을 것 같았기 때문이다. 그가 사라지면 일을 이을 사람이 끊어지지 않을까? 싼 물건에 밀려 좋은 물건을 주문하는 사람이 없어지기 때문이다.

이 집에서 쓰던 아름다운 철제 쇠장식이 달린 옷장에 마음이 끌렸다. 같은 것을 만들어 줄 수 있냐고 부탁했다. 그러나 노공은 승낙하지 않았다. 마음에 드는 재료를 지금은 구할 수 없으므로 안 만든다고 했다. 풍족하지도 않은 그가 이 높은 가격의 물건을 떠맡는 것을 단호히 거절하는 마음에 우리는 얻어맞은 것 같았다. 노인의 수명에 축복을 빌었다."

오랜 세월이 흘렀으나 과거 나주반의 단면을 볼 수 있는 대목이다. 나주반은 1986년에 전라남도 무형문화재 제14호 나주반장(羅州盤匠, 기능보유자 김춘식)으로, 2014년에는 국가무형문화재 제99호 소반장(기능보유자 김춘식 장인)으로 지정되었다.

3

화순 동복 소목

전남에서의 근대에 발달했던 목공예 기술의 전승은 재료의 처리, 사용 도구, 제작 기술, 후처리 방법 등이 신기술의 도입 및 시대 변화와 함께 사라진 것들이 많다. 지금은 많은 것들이 변했고, 목공예 과정을 눈으로 파악하기도 어렵다. 그런 가운데 〈조선일보〉 1991년 1월 9일 '우리 시대의 장인 조명 순례 (1) 인간문화재 소목장 송추만(宋樞萬) 옹 조선 목공 비술 전승 90세 거목'이라는 기사는 근대 화순군 동복면의 목공예 기술을 알 수 있는 내용이다.

기사 내용을 발췌해서 정리하면 송추만(宋樞萬, 1902~1991년) 옹은 1902년 임인년(壬寅年) 화순군 동복면 천변리 출생이며, 1984년 10월 국가무형문화재 제55호 소목장 기능보유자로 지정되었다.

송추만 옹은 초등학교를 졸업하고 14세에 소목의 길로 들어섰다. 화순군 동복(同福)에는 현(縣)의 목장(木匠)으로 일하던 하(河) 영감이란 사람이 있었는데, 그는 조선 시대 목공 장인의 맥을 이어온 사람으로 화순 일대에 명성이 자자했다. 그 기술은 송(宋) 옹의 부친을 통해 송(宋) 옹에게 이어졌다.

송 옹이 즐겨 쓰는 목재는 튼튼한 오동나무와 은행나무, 무늬 좋은 먹감나무, 풍목 등이다. 가구용 나무를 베는 시기는 반드시 가을 낙엽이 진 뒤 나무에 수분이 적은 때이다. 야산의 나무에서 수분함량, 내부의 나이테 형태 등을 고려해 가구용 목재를 골라내는 것은 오로지 소목장의 경험과 능력에 달려있다.

산에서 켜온 원목들은 물기와 진이 빠지게 통풍 잘되고 그늘진 곳에서 1년 정도의 자연과 건조 과정을 거쳐야 한다. 건조된 원목은 가구의 목적에 따라 실물보다 약간 큰 판자들로 톱질이 된 후 다시 6개월 동안 온돌방에서의 건조 과정을 거친다. 방바닥에 깔고 이불을 덮은 후 뜨끈뜨끈하게 불을 때서 건조했다.

이것을 다시 톱질하고 바로잡아 혼자 놔둬도 움직임이 없을 때 작업에 착수한다. 송 옹은 가구를 조립할 때 절대로 쇠못을 쓰지 않는다. 못을 쓰면 쉽게 녹이 슬고 그만큼 가구의 생명이 짧아지기 때문이다. 대신 아교나 민어의 부레로 만든 접착제를 쓰며, 서랍을 만들 때는 대나무 못을 쓴다.

송 옹은 가구의 제작 과정에서 현대식 목공기계는 전혀 쓰지 않고 수백 가지의 재래식 소목 공구를 사용한다. 가구가 만들어지면 벌똥을 칠한 후 헝겊으로 문질러 광을 내고 다시 물고기 껍질로 문지른다. 이렇게 해서 가구가 완성되면 면 전체에 들기름을 입힌다.

그럼으로써 나무의 자연 상태를 최대한 유지하게 한다. 가구의 문짝 등에 있는 먹감나무의 나이테 문양은 그대로 한 폭의 산수화이고 풍목의 목리(木理)는 잔잔한 여울인 것이다. 장롱이나 문갑 하나를 만드는 데 걸리는 기간은 3~6개월 정도이다.

먹감나무에 나타나는 추상적인 검은 목리문(木理紋)을 대담하게 가구정면(家具正面) 장식으로 이끌어 들인 창의(創意) 등은 근대 소목장의 빼어난 기능을 엿볼 수 있다(그림 4-7).

앞의 내용에는 목공예의 재료 선택, 재료의 처리 방법, 사용 도구, 나이테의 활용 방법, 칠처리 방법들이 나와 있어 과거 전남 화순 동복면의 목공예 과정의 일부를 알 수가 있다.

그림 4-7. 송추만 옹이 제작한 문갑으로, 먹감나무의 나이테가 만들어내는 신비한 문양을 산수화처럼 활용했다. (출처 : 〈조선일보〉 1991년 1월 9일)

5장

석공예

1
옥공예

옥과 비취

옥은 변하지 않는 영원함과 아름다운 색깔, 희귀함 때문에 동양에서는 오랫동안 최고의 보석으로 여겨져 장신구, 패물, 향로, 화병 등에 많이 애용된 광물이다.

옥(玉)의 사전적 의미는 옥을 말한다. 광물학적으로는 각섬석(角閃石)군에 속하는 연옥(軟玉, Nephrite)과 휘석군에 속하는 경옥(硬玉, Jadeite)을 말한다. 경옥은 높은 압력에서 장석이 붕괴되어 나타나는 고압 광물로 지구 내부에서 만들어지기 까다로워 연옥에 비해 희귀하다. 색깔은 초록색 계열이 대부분이지만, 보라색 옥인 자옥(紫玉) 등 다양한 색깔이 있다. 연옥은 백색이나 어두운 녹색 빛이며, 연마하면 순한 광택이 난다.

그런데 우리나라에서 포괄적 개념의 옥은 연옥과 경옥 외에 벽옥,

수정, 홍옥수, 천하석, 납석, 명반석 등 다양한 광물들과 호박 및 유리와 같은 비광물들로 만들어진 장식용 기물과 구슬까지도 포함시켜 왔다.

옥과 관련해서는 비취(翡翠)라는 말도 사용된다. 비취는 오늘날 '비취색' 등의 용례 때문에 '짙은 녹색의 경옥'에 한정하여 부르는 경향이 있으나, 한자어 비취는 경옥과 연옥을 구분하지 않고 모든 옥을 가리키는 말이다. 비취는 파랑새의 일종인 물총새의 날개와 몸통 부분의 색에서 연유한다. 비(翡)는 적색을 나타내고, 취(翠)는 녹색을 의미하는 것으로 이러한 색을 가지는 옥(玉)을 비취옥이라고 표현했다. 그런데 언제부터인지는 모르지만 옥의 석명(石名)을 삭제해서 색명(色名)으로 사용하여 왔다.[37]

우리나라에서 옥은 석기 시대부터 사용되었다. 옛날 한반도에서 옥은 연옥, 경옥, 천하석, 활석, 수정, 호박, 홍옥수, 벽옥, 유리 등 다양한 재질로 만들어 이용했으며, 많은 유물이 남아 있다.

삼국 시대(三國時代)에는 각종 고분에서 출토된 옥을 통해 옥이 매우 애용되었음을 알 수 있다. 삼국 시대에 사용된 옥의 형태는 주로 곡옥(曲玉), 관옥(管玉), 구옥(球玉)의 형태였는데, 고려 시대에는 조각된 옥제 장식품의 형태로 발전되었다.

옥은 전문 장인에 의해 가공되고 장식품 등이 만들어졌는데, 고려

---

37. 近山晶. 寶石―その美と科學 p.193.

시대에는 옥을 다루는 장인에 대해 옥인(玉人)이라고 불렀다.《경국
대전(經國大典)》에 따르면 조선 시대에는 경공장(京工匠) 내의 상의원
(尙衣院)에 10명의 장인이 배속되어 궁궐에서 사용되는 용품과 장식
용 기물 등을 만들었다.

따라서 전국적으로도 적지 않은 옥장(玉匠)이 종사하고 있었음을
추정할 수 있다. 또한 노리개, 장도, 비녀 등 양반 귀부인들을 중심
으로 고급 장신구로 발달되었다.

마한의 옥공예

전남 나주와 주변 일대에는 많은 고분이 있다. 이들 고분의 주인
공들은 영산강 문화를 창출했던 마한 후예들로 알려져 있으며, 삼
국 시대에 이 고분들이 조성된 것으로 여겨진다. 고분에서 발굴된
상당수의 유물은 국립나주박물관에 전시되어 있는데, 다양한 옥 장
식물을 볼 수 있다. 1917~1918년 일본에 의해 발굴 조사된 나주 신
촌리 9호 무덤에서 발굴된 높이 25.5cm의 금동관(나주 신촌리 금동관)
은 삼국 시대에 제작된 것으로, 외관과 내관으로 구성되어 있다.

외관은 나뭇가지 모양의 장식 3개를 머리에 두른 띠 부분인 대륜
에 꽂아 세웠으며, 내관은 반원형의 동판 2장을 맞붙여 만들었다.
기본 형태는 신라 금관과 같으나 머리띠에 꽂은 장식이 신라관의

‘山’자 모양이 아닌 복잡한 풀꽃 모양을 하고 있어, 양식상 더 오래된 것으로 보인다. 외관은 폭 3cm, 길이 50cm의 동대(銅帶)를 구부려 직경 17cm의 테를 만들고 거기에 3개의 초화형 입식(草花形立飾)을 세웠는데 군데군데 옥이 장식되어 있다.

옥이 장식되어 있는 공예 유물은 나주 신촌리 금동관 외에도 영산강 일대의 여러 고분에서 발굴되었다. 이처럼 전남은 옥공예품의 오랜 전통이 있고, 다양한 유물을 만날 수 있는 곳이다.

2

해남 옥공예

옥의 산지, 해남 옥매산과 옥동리

전남 해남에는 옥(玉) 자가 사용된 옥매산(玉埋山)과 옥동리(玉洞里)
라는 마을이 있다. 옥매산은 해남군 황산면 옥동리와 문내면 용암
리 사이에 위치한 산(고도 : 168m)인데, 《신증동국여지승람(新增東國興
地勝覽)》에 "화반석(華班石)이 황원현의 매옥산(埋玉山)에서 나온다"라
는 기록이 있다. '매옥산은 뒤에 옥매산으로 바뀌었고, 화반석은 명
반석 또는 붉은 옥을 가리키므로 조선 초에도 옥을 생산하였음을
알 수 있다. 따라서 옥매산은 옥돌이 매장되어 있는 것'에서 지명이
유래했음을 알 수 있다.

황원현(黃原縣)은 옛 황원면으로 백제 때 황술현(黃述縣), 통일 신라
때 황원현, 고려 시대 때 황원군(黃原郡), 조선 시대 때 황원면(黃原面)
이다. 황원면은 1914년 행정구역 개편에 따라 산일면과 병합되어

현재의 해남군 황산면이 되었다.

옥동리는 옥매산 아래에 있다고 하여 붙여진 이름이다. 옥동리에는 옥연(玉燕)마을이 있었는데, 이것은 옥동리의 옥과 마을 중앙이 제비집을 닮았다 하여 제비 연(燕)을 붙여서 부르게 된 이름이다.

옥매산은 옥에서 유래된 이름이나 1916년부터 1945년 광복 전까지 일본의 명반석(alunite), 납석(蠟石)의 수탈기지였다. 일본 시카마(飾磨)화학공업이 옥매광산을 개발하기 시작하여 아사다(淺田)화학공업 등으로 광업권자가 바뀌면서 명반석(明礬石)을 채굴해 알루미늄을 제조하였다. 명반석 13톤에서 알루미늄 1톤을 추출하였으며, 알루미늄은 전투기 제조에 이용되었다.

납석은 내화제로서 제철소와 제련소 등의 시설에 꼭 필요한 용광로의 내화(耐火) 소재로 사용되었다. 일본인들은 옥매산뿐만 아니라 황산면과 마산면(馬山面)의 경계에 있는 성산(星山)에서도 광산을 만들었다.

옥매산에서 채석한 알루미늄의 원석인 명반석과 납석은 떡봉산 남쪽 선창인 입암포까지 옮겨졌다가 선박을 이용해 일본 나고야 비행기 제조 공장으로 운송되었다. 옥동리 옥동선착장 인근에는 지금도 당시 명반석을 저장하기 위해 세운 저장고가 있고, 선착장 밑 부분에는 명반석을 운반하는 데 사용한 레일의 흔적이 남아 있다.

일제 강점기에 옥매광산에서는 1,200여 명, 성산광산에는 2만여 명의 인부가 있을 만큼 번성을 누렸다고 한다. 인근 춘정마을에 20

여 개 입원실을 갖춘 병원이 운영될 정도였다고 하니, 당시 이곳의 번성함을 짐작할 수 있다.

납석 세공의 명산지, 해남

일제 강점기에 해남 황산면의 옥내광산과 싱산광산은 명반석과 납석의 수탈기지였는데, 이것과 옥은 어떤 관련이 있을까? 명반석은 알루미늄 재료, 비료 재료 등으로 사용되며, 분홍색, 자홍색 등을 띠는 것들이나 명반석대에 불순물이 섞여 문양을 나타내는 것들이 옥이라는 이름의 공예품으로 사용되기도 한다.

납석(蠟石)은 곱돌이라고도 하며, 광석명 또는 상품명으로 불리고 있으나 광물학적인 견지에서 본다면 엽납석(Pyrophyllite)을 의미한다. 납석은 옛날부터 곱돌, 옥돌이라고도 불렸으며, 표면이 '매끄러운 돌'이라는 뜻으로 만졌을 때 밀랍(蜜蠟)처럼 매끄러운 느낌이 나는 돌은 모두 납석이라고 통칭하여 왔다. 현재는 이를 광물결정학적으로 구분하여 그중에서도 엽납석을 의미하고 있다.

납석광석은 혼입 광물의 종류에 따라 구분되고 있다. 전남 서부 지역의 납석은 규석질 납석, 고령토질 납석이 주로 분포하며 알칼리나 알칼리토류, 철분 등의 불순물 성분이 적고 순도가 높다. 화학적으로 알루미나와 실리카가 필요할 때 사용된다는 의미로, 주로 유리섬유, 내화물, 도자기, 시멘트 등의 원료로 이용된다.

납석은 표면이 매끄럽고, 백색, 적색, 황색, 녹색 등 다양한 색을 띤다. 경도가 높은 경옥과 연옥에 비해 가공이 쉬워 옥이 쓰이기 이전부터 장신구나 공예품의 재료로 이용되었으며, 지금도 옥으로 분류되는 경우도 있다.

따라서 명반석과 납석이 옥이라는 이름으로 사용되기도 했다. 해남에서 생산되는 옥은 주로 경도 2.5의 연옥이다. 석질이 부드럽고, 매끄러워서 세밀한 공정이 가능해 조각 분야와 전각 분야를 넘나들며 많은 사랑을 받고 있다.

특히 옥매산 꽃돌은 유명하다. 예전에 광산이 활발하게 운영되었을 때도 귀한 대접을 받았으며, 찾는 이들이 많았으나 본디 생산량이 적었다고 한다. 주로 빨강옥 또는 주황옥에 하얀색 옥이 박혀 있는 모습이 마치 피어 있는 꽃과 같아서 꽃돌이라는 이름으로 불렸다고 한다.[38] 해남 옥매광산과 성산광산은 이처럼 재료의 다양함과 풍부성으로 인해 해남 옥공예의 발전에 바탕이 되어 왔다(그림 5-1).

한편, 일제 강점기의 해남 납석세공에 관해 알 수 있는 신문 기사들이 있다. 〈조선일보〉 1925년 4월 15일 '납석조합신설(蠟石組合新設)' 기사에는 다음과 같은 내용이 나온다.

"전남 해남군 문내면 선두리(先頭理)의 납석지(蠟石地)는 10여 년 전

---

38. 김육남 · 김혁신. 2022. 해남 옥이야기. 화신공예.

그림 5-1. 해남 옥매광산의 재료를 이용해서 만든 옥공예품

조선인이 발견한 것을 군 당국(郡堂局)의 소개로 일본인인 청목좌시 (靑木佐市)가 경영해 오던 바 수년 전부터 동면(同面) 우수영청년회에 서 활동하여 작년 11월에 겨우 조선인의 수중(手中)으로 돌아오게 되어 조합을 신설하고 방금 공사에 착수중이라더라."

이 기사를 보면 이미 1910년대에 문내면 선두리에 있는 납석지가 발굴되었고, 그것을 일본인이 사업적으로 운영해 왔음을 알 수 있 다. 그런데 〈동아일보〉 1927년 6월 19일 '순회탐방(巡廻探訪)（350) 수한해(水旱害) 모르는 친혜(天惠)의 지대(地帶)' 기사에는 이런 내용이 나온다.

"특히 저명한 것은 문내면 우수영의 납석세공품(蠟石細工品)이다. 우수영 동쪽 10리쯤 되는 곳(右水營東十里許)에 우뚝 솟은(聳立) 옥매 산으로부터 옥석(玉石)이 많이 나오는지라(多産) 그 옥석으로 여러 가 지 세공품을 제작하니, 예를 들면 필통, 수납컵, 잉크병, 장롱식탁,

재떨이, 문비 인형(門碑人形), 다듬이돌 등으로 경향(京鄉) 각지의 주문이 매일 답지한다."[39]

그리고 〈동아일보〉 1930년 10월 23일 '가정공예품(家庭工藝品) = 품평회 수상자 당선등급별여차(品評會 受賞者 當選等級別如此)'라는 기사에는 "전남해남우수영납석세공조합은 1930년에 경성 남대문 외 상공장려관(京城 南大門 外 商工獎勵館)에서 개최한 가정공예품평회에서 납석세공품 향로(香爐)로 이등상을 받았다"[40]라는 내용이 있어서, 납석이 공예품에 이용되었음을 알 수 있다.

납석공예품을 제작했던 곳 관련해서는 〈동아일보〉 1939년 7월 9일 '해남 특산물 납석세공(海南特産物蠟石細工) 연산액 3,500여 원(年産額 三千五百餘圓)'이라는 기사[41]에 다음과 같은 내용이 있다.

"해남의 특산물 우수영 납석세공(右水營蠟石細工)은 전 조선적으로 유명하다는 바 그 판로에 있어서 조선 각지에 안 가는 곳이 없으나 그중에서도 주요한 사향지(仕向地)는 청진(淸津), 나남(羅南), 함흥(咸興), 원산(元山), 경성(京城), 전주(全州), 광주(光州) 등지인데 상인의 손을 거쳐서 일본에까지도 간다 하며, 연산액은 생산호수 15호(十五戶)에 3,500여 원이라는데 앞으로는 매년 증가될 것이라 한다."

이 기사를 보면 1939년에 납석세공 업체가 15군데에 있었고, 납

석공예품을 만들었던 곳은 해남군 문내면의 우수영 지역이었음을
알 수 있다.

해남 옥공예 거리

해남군 문내면 우수영에 있었던 옥공예 업체들은 1940년대에 재
료가 풍부한 지금의 황산면 옥연마을로 옮겨왔다. 옥공예품을 비롯
한 석공예품은 한국전쟁 이후 미군들에게 조금씩 판매되다가 1960
년대 중반에 관광객들의 인기 상품이 되었다. 반도아케이드와 안국
동 일대의 골동품 상가에도 확대되어 서울에만 20여 곳의 전문 판
매상과 10여 개소의 소규모 조각 처리 가공공장으로 불어났다.[42]

이 시기 황산면 옥동리는 옥공예품을 생산·판매하였던 옥공예
거리가 형성되었다. 지금은 많이 쇠퇴했으나 한때는 도로변 양편에
20여 개가 넘는 옥공예 공장이 들어서 있었고, 한 공장마다 10여 명
이 넘는 인력들을 고용해 옥공예품을 생산하였던 적이 있다. 옥공
예 제품이 인기를 끌자 옥동마을 인근에 우후죽순 옥공예 공장이
들어서게 됐고, 대표적인 옥공예 생산지가 되면서 옥공예 거리도
형성되었다. 이곳은 1960년경부터 전국 최고 옥공예 생산단지로 명

---

42. 매일경제. 1972. 7. 15. 石工藝品 外國觀光客에 인기.

성을 떨쳤는데, 장수와 복을 준다는 동물상과 보석함, 체스 등을 제작하였고, 이 제품들은 외국인에게도 많은 사랑을 받았다.

그러나 1973년 석유파동으로 큰 어려움을 겪었다. 그것은 〈동아일보〉 1978년 3월 15일 '해남(海南)의 옥돌 공예품'이라는 기사에도 나와 있고, 그 내용은 다음과 같다.

"전남 해남군 황산면 옥동리는 조선 시대부터 옥공예가 발달, 불상, 용상(龍象), 호랑이상 등 수백 가지의 돌 조각품이 쏟아져 나오고 있는 마을이다. 이곳 돌 조각품은 마을 앞 해발 177m 옥매산에서 무진장 생산되는 납석에 수십분의 1 비율로 섞여 나오는 옥돌을 원료로 하고 있다. (중략) 조선 시대에는 호랑이상 등을 왕실에 진상도 했다는 이곳 옥공예품이 10여 년 전에는 판로난으로 사양길에 접어들어 2가구가 겨우 명맥을 유지했다."

석유파동에 의한 옥공예 불황은 곧 회복되어 1975년부터 1990년까지는 야간작업을 해도 수요를 감당하기 어려울 정도로 경기가 좋았다. 수석 가게나 승진한 사람들의 탁상용 명패와 도장 주문 등 국내에서 수요가 많았기 때문이다. 이때 옥공예 장인들은 공무원 월급보다도 더 많은 수입을 올렸다. 옥동거리에는 당시 약 200명의 옥가공 기술자들이 일을 하였다.

그러던 것이 1990년 중국과 수교 이후 중국을 포함한 파키스탄, 인도네시아, 베트남, 브라질 등지에서 수입품이 많이 들어오면서 옥공예 사업이 사양길에 들게 되었다. 1997년에는 10명만이 명맥을 잇게 된 가운데, 해남군이 황산 옥공예를 살리기 위해 옥연마을 길 가에 전시 판매장을 건립하였다. 이마저도 2010년대 진도 방면으로 4차선 길이 새로 생기면서 옥공예는 더욱 쇠락하게 되었다.

그렇지만 지금도 해남 옥공예의 전통을 잇고 명성을 지키고자 노력하는 이들이 있다. 이들은 고가의 작품 제작과 함께 일반인들이 쉽게 접할 수 있는 도장, 명패, 낙관 등 주문자의 취향에 맞는 공예품을 만들어 내며 옥공예 지키기에 안간힘을 쏟고 있다. 해남군에서도 이러한 노력들을 인정하여 2015년에 옥공예 명인 3인을 해남군 향토문화유산으로 지정, 보존하고 있다.

지금은 옥공예 공방이 몇 곳만 남았다(그림 5-2). 학교에서 옥공예 체험을 진행하는 등 시대의 흐름에 맞게 변화를 모색하고 있다.

그림 5-2. 해남 옥공예 거리에 있는 옥공예 공방

6장

섬유공예

1
나주세목과 샛골나이

나주 샛골의 세목

나주의 지명에는 비단 금(錦), 비단 라(羅), 누에 잠(蠶) 자가 들어간 곳들이 많다. 지금도 비단고을로 불리기도 하는 나주는 예로부터 뽕나무 재배와 비단 문화가 발달한 지역이다. 근대에는 전국 최대 잠사(蠶絲) 생산지였으며, 1910년에 세워진 '나주잠사주식회사'의 낡은 건물은 번창했던 당시의 모습들을 전해 주고 있다(그림 6-1).

나주는 과거 가을철 영산강변이 허얗다고 할 정도로 목화재배가 많았던 곳이다. 나주에서 목화재배는 특히 근대에 성행했다. 이것은 일제의 토지약탈(土地掠奪)과도 관련이 있다. 일제는 1906년 조선 통감부(統監府) 설치에 앞서 조선에서 목화재배를 장려하기 위해 1905년 7월 면화재배협회(棉花栽培協會)를 설립했다.

협회 설립에 앞서 1905년 4월 25일 도쿄호텔에서 면화재배협회

창립총회가 개최되었는데, 이 자리에서는 서원농사시험소(西原農事 試驗所) 안도(安藤) 기사의 조사 보고서 발표가 있었다. 이 보고서에 는 "금번의 시작(始作)은 주로 조선 면화 생산지의 중심이라고 할 수 있는 영산강 유역에 힘썼다. 목포, 자방포(自防浦), 영산포, 나주, 광주 등의 여러 곳에서 시작(始作)을 실시했다"라는 내용이 있다.

면화재배협회는 1912년에 전 사업을 조선총독부에 인계하고 해 산했다. 조선총독부에서는 본격적으로 한반도를 공업 원료 공급 기 지로 만들기 위해 남쪽에서는 면화(목화)를 재배하고, 북쪽에서는 양 을 사육하는 남면북양(南棉北羊) 정책을 실시했다.

이에 따라 목화를 일본으로 실어내기 위해 목포항을 개발했다. 목 포항은 1흑(一黑 : 김), 3백(三白 : 면화, 쌀, 소금)의 집산지였는데, 특히 유 명했던 목화는 일본 간사이(關西)의 한신(阪神 : 오사카와 고베 지역을 묶어 부르는 이름) 지역으로 많이 팔려나갔다. 해방이 되자 목포항의 활기

그림 6-1. 일제 강점기의 나주양잠조합 건조장 (출처 : 일제 강점기에 발행된 그림엽서)

120

가 줄어들었던 것도 이와 관련이 있었다.

나주는 목화재배가 많다 보니 목화를 이용한 제직 문화가 발달하였고, 나주 샛골에서 생산된 무명은 샛골 세목으로 명성을 떨쳤다(그림 6-2). 세목(細木)은 그 이름에서 알 수 있듯이 가느다란 실로 직조된 것이다. 실을 뽑고 옷감을 짜는 길쌈 공정에서 난이도는 승(升, 새)의 수치에 따라 달라진다. 승(1승은 80올)이 높을수록 실오라기를 디욱 가늘게 뽑아내야 하기 때문에 기술과 차분힌 마음가짐이 필요하다.

조선 시대 옷감의 수치는 대체로 궁중에서 12승(升) 이상을 사용하게 하고 양반들은 10승(升) 내지 그 이하로 한정 사용케 하였으며, 서민층은 9승(升) 이하를 사용케 하였다고 한다. 베 한 폭 32cm에 12승이라고 하면 960올이 들어가고, 12승 베 1필의 실을 다 풀어 그 길이를 이으면 장장 36,480m(약 90리)나 된다.[43]

모시에서 세모시라고 하는 것은 10승 이상을 가리키며, 무명은 곱게 짜도 보통 10승(升)인데, 나주세목은 11~12승으로 가느다란 올로 짜였기 때문에 마치 옥양목처럼 고왔다. 가격도 다른 고을 무명 1필이 벼 1가마 정도인 데 비해 ㅓ130

나주세목은 벼 1섬 가격으로 매우 비쌌다. 비싼 나주세목으로 남성은 두루마기, 아낙네는 저고리를 만들어 입으면 최상의 사치였다.

---

43. 김승찬. 1983. 미풍양속 (31) 길쌈. 동아일보 1983. 9. 12.

나주세목은 고운 만큼 길쌈 과정이 까다로웠다. 좋은 목화송이를 따로 따 모았다가 잡티를 가려낸 뒤 씨아에 앗고, 거기에 나오는 잡티를 가려냈다. 고치를 말고 물레에서 실을 뽑은 뒤 12승 세목 1필을 짜는 데 18일이 소요됐다. 물레나 베틀은 정결한 독방에 차려 놓고 하되 밤에는 석유 등불의 그을음과 담배 연기를 피하고 목화 씨앗 기름(綿子油)을 접시에 담아 불을 켜고 작업했다. 성격이 차분하고 손끝이 야무진 아낙네가 10~20년을 익혀야 비로소 제대로 된 나주세목을 짤 수 있었다.

나주세목의 산지로는 특히 다시면 샛골마을이 유명해 육당(六堂) 최남선(1890~1957년)은 《고사통(故事通)》[44]에서 조선 말기 부녀자들의 직업으로 '나주 샛골나이'를 소개했다. 이것이 본격적으로 사용되었는데, 샛골나이에서 샛골은 나주시 다시면 샛골마을을 지칭하며, '나이'는 '낳이'에서 온 말이다. '낳이'는 '낳다'에서 유래된 말이다. 그래서 정확하게는 '나이'는 '실잣기'가 되나 일반적으로 '옷감을 짜는 일'로 해석되고 있다.

낳이의 사전적 의미는 '옷감을 낳는 일'이나 '옷감을 짜는 일'이다. 그런데 실낳이란 말이 있으므로 '낳다'란 말은 '실이나 옷감을 만들다'란 뜻으로 해석된다. 누에고치에서 명주실을 뽑는 일을 '실낳이'라 하지 않고 '실켜기'라고 한다. 그래서 실낳이란 말은 솜이

---

44. 육당(六堂) 최남선(1890～1957년)이 1943년에 지은 한국사 개설서이다.

나 털을 가락바퀴나 물렛가락으로 자아서 만드는 것으로 '실잣기'
가 되며, 한자로는 '방적'이 된다.

나이는 길쌈으로도 해석하는데, 길쌈이란 옛날에 누에고치, 삼,
모시, 목화 등의 섬유를 가공하여 명주, 삼베, 모시, 무명 등의 피륙
을 짜던 일을 말한다.

그림 6-2. 나주 원경희 장인이 짠 샛골 세목

명품 무명, 나주 샛골세목

나주세목은 조선말 최고의 무명 옷감이었다. 옷감이 돈처럼 사용
되던 일제 강점기 시절 장안 도부상(到付商)들은 나주세목을 비단 다
음가는 유통수단으로 높이 취급했다. 그들은 거드름 피우는 선비들
에게 나주 샛골의 무명을 팔고 다녔다.

〈조선일보〉 1925년 1월 13일 '음력설을 앞두고'라는 기사를 보면 "와사직(瓦斯織)이 1필에 3원 70전, 한양목(漢陽木)이 1필에 2원 20전, 평양수목(平壤水木)이 1필에 2원 50전, 나주세목은 1필에 6원이다"라는 내용이 있다. 나주세목이 유명 직물로 언급된 것과 함께 가장 비싼 직물로 소개돼 있다.

〈조선일보〉 1928년 4월 14일 '전 조선 물산 바자 대회를 앞두고'라는 기사에는 각 도 특산물이 소개되어 있는데 전라남도 특산물로는 영암 빗(靈岩梳), 강진유지(康津油紙), 나주세목(羅州細木)이 나와 있다.

〈동아일보〉 1931년 8월 28일 '신안혼례식(新案婚禮式) 아울러 신구례식(新舊禮式)의 검찰(檢察)'이라는 기사에는 "나주세목, 평양수목, 철원명주(鐵原明紬), 한산세저(韓山細苧), 안주항라(安州亢羅)… 등은 결코 외국의 주단에 내리지 않는다"라는 내용이 있다.

일본인 철학자이자 미술가로 유명한 야나기 무네요시(柳宗悅)는 1937년 5월 8일 목포에서 광주로 이동 중 나주 다시면(多侍面)을 지나다가 장날이어서 차를 세우고 다시면 석천(石川) 기슭을 따라 형성된 장터에 들렀다. 강둑의 조약돌 위에 여러 가지 물건과 사람이 늘어서 있는 가운데 다시 무명(多侍木綿)을 보게 된다. 그리고는 다음과 같은 기록을 남겼다.

"품질이 매우 좋아 일반 값이 8, 9엔에서 상등품이 되면 20엔을 호가한다. 본디 수방직으로 만든 백목면(白木綿)이다. 우지(宇治)에서는 한 근에 60, 70엔 하는 옥로(玉露)[45]가 만들어졌고, 도쿄에는 한 첩에 40엔 하는 김(海苔)이 있다고 한다. 남모르게 맛보는 자가 있기에 제격인 가격일 것이다.

다시(多侍)와 같은 시골의 무명(木綿)이 그만한 시가를 부르는 것도 이를 사랑하는 사람이 어디에 있기 때문일 것이다. 동시에 인간의 유별난 깊은 면을 건드리는 마음이 있다. 우리는 한 필을 샀다. 무명 직물로서는 더없이 훌륭한 직물이다. 오랫동안 지속해 주면 좋겠다."

〈조선일보〉 1937년 1월 14일 '천혜(天惠)의 특산품(特産品)인 저포 생산(苧布生産)의 강화(强化)'라는 기사에는 "전라도의 재래산물로서 함평과 남평 양지의 백목(白木)과 나주의 세면포(細綿布)는 전 조선적(全朝鮮的) 명물(名物)로 호허(好許)를 받아 왔고…"라는 내용이 있다.

나주세목은 위와 같이 명품으로 알려지고 유통되면서 다른 고을 무명 1필이 벼 1가마일 때 벼 1섬 가격에 거래되었다. 나주 샛골나이는 그 우수성이 인정되어 1969년에 국가무형문화재 제28호 샛골나이로 지정되었다.

---

45. 옥로(玉露)는 일본 도쿄 우지(宇治)에서 찻잎이 나올 무렵 차나무에 그늘을 만들어 싹이 햇볕을 덜 받게 재배하여 만든 차이다. 이 차는 차의 새싹을 쪄서 손으로 문질러 건조시켜서 만든 전차(煎茶)이며, 고급차이다.

2

베개와 베갯모의 자수

베개의 기원과 종류

베개는 인류가 잠을 자거나 누워서 쉴 때 사용해 온 도구이자 침구(寢具)의 하나다. 뇌가 유난히 발달한 인간은 누울 때도 본능적으로 뇌를 받치고 보호하기 위한 베개를 사용하는 문화가 있으며, 이로부터 베개는 점차 휴식의 도구라는 본연의 기능은 물론 상징적인 의미를 지닌 채 발달해 왔다.

우리나라 베개에 관한 기록은 《고려도경(高麗圖經)》〈권29〉에 남아 있다. 《고려도경》은 송나라 사신 서긍(徐兢)이 사신의 임무를 띠고 1123년에 고려를 다녀간 후 1124년에 고려의 실상을 송나라 황제에게 보고하기 위해 만든 책이다. 고려의 풍경을 담은 이 책에 수놓은 베개(繡枕)라는 것이 있다.

한편 우리나라 베개 중에 가장 오래된 유물은 무령왕비 베개(武寧

王妃 頭枕) 혹은 무령왕대부인 베개(武寧王大夫人 頭枕)라 불리는 장의용 나무 머리 받침대이다. 이 베개는 삼국 시대 백제의 제25대 국왕인 무령왕(재위 501~523년)의 왕릉에서 발견되었다.

전통 베개의 종류는 무령왕비의 장의용 나무베개처럼 용도, 재료, 모양, 기능 등에 따라 나뉜다. 용도로는 아이용에서 성인용, 혼수품용, 장의용 등 다양하다.

재료에 따라서는 섬유로 만든 것 외에 나무로 만든 목침, 흙으로 빚은 후 구워 만든 도침(陶枕), 자성을 띠는 돌로 만든 자침(磁枕), 돌로 만든 석침(石枕), 대나무로 만든 죽침(竹枕), 왕골로 만든 완침(莞枕) 등 다양하다. 섬유로 만든 베개에는 골침베개라는 것이 있는데, 이것은 봉제된 바닥에 바느질의 골이 나타나도록 한 것으로 물러지기 쉬운 베개의 구조적인 취약을 막기 위해 6~8개 뭉치의 원통을 서로 연결하여 단단한 베개로 구성한 것이다. 나무로 만든 베개 중에는 퇴침이라는 것이 있는데, 이것은 나무로 만든 상자에 서랍이 있는 베개이다.

모양에 따라서는 둥근 원형베개와 네모진 사각베게가 많다. 1925년에 출판된 우리나라 최초 재봉법에 관한 실용 기술 서적으로 김숙당이 지은 《조선재봉전서(朝鮮裁縫全書)》에는 "남자용 베개는 둥글고, 여자용 베개는 네모지다"는 내용이 있다. 따라서 과거에는 남녀에 따라 모양이 달리 사용된 것으로 보인다.

이것은 "모난 것은 땅에 속하며, 둥근 것은 하늘에 속하니, 하늘은 둥글고 땅은 모나다"라는 뜻의 천원지방(天圓地方)에서 유래된 듯하다. 천원지방은 고대 중국 때 저자 미상의 수학 및 천문학 문헌인 《주비산경(周髀算經)》에 기록된 것이다.

《조선재봉전서》에는 남녀에 따라 모양이 다르게 구분되어 있으나 조선 시대의 유물들을 보면 반드시 남자는 원형, 여자는 각이 진 베개로 구분해 사용되지는 않은 것으로 여겨진다. 더욱이 원형으로 길게 만든 베개가 부부용으로 사용된 유물들도 있어 의미와 실제 사용과는 괴리가 있었던 것으로 보인다.

베개의 구성

베개의 구성은 재료와 모양에 따라 다소 다르나 일반적으로 베개 몸통, 베갯모, 베개선, 베갯잇, 베갯속으로 되어 있다. 베개 몸통은 사람의 머리가 놓이는 부분이며, 베갯모는 베개 몸통의 양 측면이다. 베개선은 베개 몸통과 베갯모를 연결하는 선이며, 베갯속은 베개의 모양을 잡고, 머리를 편안하게 할 수 있도록 베개 몸통 속에 채워 넣는 것이다. 베갯잇은 베개가 더러워지는 것을 막고 세탁하기 편하도록 덧씌우는 것이다.

베갯속에 들어가는 재료로는 볏짚, 콩류, 메밀, 수수, 살구씨, 왕겨, 콩깍지 등 다양한 것들이 사용되었는데, 어린이용에는 좁쌀, 메

밀 등이 많이 사용되었다. 성인 베개에는 왕겨, 콩깍지, 메밀 등이
많이 사용되었다.

베갯모 자수와 상징

베개에서 베갯모는 원형, 사각형, 직사각형처럼 대부분 베개의 모
양을 결정지으며, 자수를 놓은 등 장식이 많이 이루어지는 부위이
기도 하다. 따라서 우리나라 전통 베개에서 베갯모는 많은 정성을
들여서 상징과 장식성을 강화하는 데 사용되었으며, 그 주요 수단
은 자수가 이용되었다.

베갯모는 크기가 작은 만큼 조각 천과 토막 색실을 모아 두었다
가 수를 놓아 베갯모를 만들었다.

베갯모의 자수에 대해 조선 시대 《금침발기(衾枕發記)》에는 다홍색
바탕에 봉황, 용, 십장생, 기린, 오리, 칠보, 연꽃, 모란무늬 등 동물
과 식물무늬들을 자수히여 베개를 만들었다는 기록이 있다.

도안은 꽃, 새, 글자, 과일 등 소박한 작품, 자기의 구상을 기하학
적으로 구성한 작품, 자신의 염원을 동물과 식물로서 간접적으로
표현한 작품, 염원을 글자로 표현한 작품, 글과 그림 등 다양했다.
개성적인 것도 있으나 1950년대 전후에는 베갯모에 사용할 수 있
는 도안과 색실이 판매되어 그 도안에 따라 수를 놓기도 했다.

도안의 내용은 오복(五福)에 관한 것들이 많다. 오복은 중국 청나라 때 적호(翟灝)의 저서로 알려진 《통속편(通俗編)》에 잘 나와 있다. 이 책에서는 민간에서 바라는 오복을 수(壽, 오래 삶), 부(富, 재물이 많

표 6-1. 자수 문양과 상징

문양	염원과 상징
기하문양 (幾何紋)	아(亞) 자나 만(卍) 자를 기하학적으로 도식화한 것과 베개의 자수테두리를 장식하는 부분에 아 자나 만 자의 변형무늬가 많이 이용된다. 칠보무늬의 돈(錢寶)무늬는 부자에 대한 욕구의 표현이고, 톱니무늬는 편안한 잠자리를 위해 잡귀의 접근을 물리치는 방패막의 상징이다.
꽃문양 (花紋)	모란은 부귀, 국화는 인내와 절개, 딸기는 다남(多男), 무궁화는 충성, 넝쿨식물은 자손만대(子孫萬代) 번성, 연꽃은 청정(淸淨)과 불심(佛心), 난초는 지조(志操), 지초는 장수(長壽)를 상징한다. 이외에 세상에 존재하지 않은 상상의 꽃들도 이용되었다.
나비문양 (蝶紋)	나비는 복(福)과 공명(功名)을 상징하고 기쁨과 여름을 상징하면서 남자를 의미한다. 두 마리는 부부의 금슬(琴瑟) 좋음을 암시하는 다산(多産)과 지조(志操)의 표상이다.
문자문양 (文字紋)	수(壽), 부(富), 귀(貴), 다남(多男), 일심(一心), 원앙(鴛鴦), 백년(百年), 희(喜, 囍), 무량수(無量壽), 강녕(康寧), 추실(秋實), 영화(榮華), 성공(成功), 군자(君子), 수산(壽山), 복해(福海), 주심(主心) 등의 염원이 문자로 표현된 것들이 있다.
새문양 (鳥紋)	베갯모에서 많이 나타난 새 무늬는 단연 봉황(鳳凰)이다. 7마리 새끼와 암수 한 쌍을 합쳐 구봉침(九鳳寢)이라 하는데, 다산과 부부 금슬을 지칭하는 상징적 동물이다.
십자화문양 (十字花紋)	십자수(十字繡)는 유럽에서 유입되어 1940년대부터 1960년대까지 베갯모에 유행한 디자인이다. 이 도안은 모눈종이에 촘촘히 본을 떠서 꽃, 새, 나비 등의 자연물을 수놓은 것들이 많다.
열매문양 (實紋)	열매무늬는 주로 장수(長壽), 다산(多産), 수(壽), 부(富)를 상징한 것들이 많다.
특별문양 (特別紋)	누비조각 기법, 밀짚, 베갯모 등 다양한 재료의 응용과 정형화된 틀에 얽매이지 않는 창의력이 돋보인 문양이 사용된 것들이 있다.

음), 귀(貴, 지위가 높음), 강녕(康寧, 건강하고 편안함), 자손중다(子孫衆多, 자손이 많음) 5가지로 정리했다. 베갯모에서의 문양은 대체로 꽃문양이 가장 많고, 그다음 문자문양이 많은 편이다. 주요 도안의 종류와 상징은 표 6-1에 나타냈다.

전남의 육골베개

골베개는 베갯속이나 베갯모의 형태가 네모진 장방형의 베개로 주로 6개의 골이 있는 육골베개(육골침)와 8개의 골이 있는 팔골베개(팔골침)가 있다. 천으로 만든 베갯속은 터널식으로 칸칸이 만들어 각각 속을 채우면 칸 이음새마다 6개 또는 8개의 골이 생기며, 전체적으로는 직육면체가 되고 측면의 베갯모는 골이 있는 직사각형이 된다.

전남 특산인 육골베개의 마구리는 1칸에 꽃 1송이씩 또는 1글자씩 자수를 놓는 등 여러 가지 길상(吉祥) 문양이나 글자를 수놓아 표현한다.

육골베개 몸통의 골에는 솜, 천 조각 등이 사용되나 나주에서는 볏짚, 왕겨가 사용된 것이 많다. 볏짚을 사용할 때는 사용할 볏짚을 물에 담가 먼지를 제거한 다음 소금물에 넣고 삶은 후 찬물에 헹구어 물기를 뺐다가 그다음 바람이 잘 통하는 곳에서 말려서 사용했다.

나주 공산면 딸기 문양 베개

베갯잇의 자수는 전문가들이 수를 놓기보다는 대부분 결혼 전에 수를 놓아 혼수품으로 가져간 경우가 많았다. 나주시 공산면 상방리가 친정인 나ㅇ례 씨[46]의 경우 혼수용품 베개는 쪽염색천으로 만든 베개이다(그림 6-3).

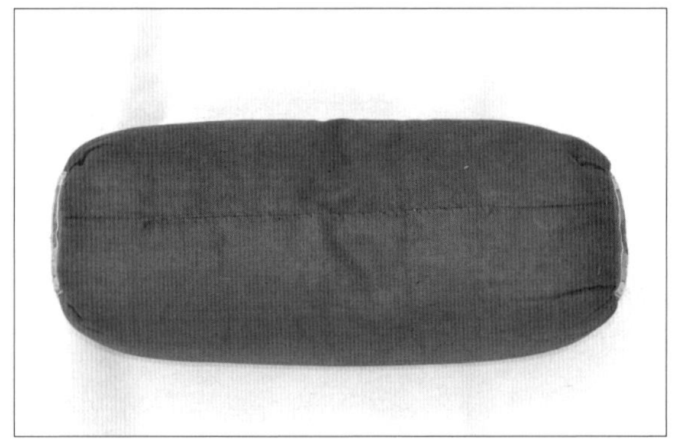

그림 6-3. 나주시 나ㅇ례(1942년생) 씨가 혼수품으로 제작한 베개로 베개 규격은 길이 47cm, 직경 17cm, 원주 65cm이며, 베갯모(문양)는 가로 11cm, 세로 12cm이다.

베갯모의 자수는 결혼 전에 직접 수를 놓아 만든 것이었다. 친정 어머니가 쪽염색 천을 구해 와서 베개를 만들어 주었고, 수는 본인이 놓았다고 했다. 결혼식 때 베개는 본인과 남편 것, 시부모 것, 시할머니 것으로 총 5개를 만들었다. 베개 안에는 메밀껍질을 넣었는

데, 2014년 조사 당시까지 바꾼 적이 없었다고 했다. 베개의 자수 문양은 남편 것의 경우 봉황무늬였으며, 본인 것과 시어머니, 시할머니 것은 딸기 문양의 수를 놓았다(그림 6-4).

베개를 놓고 보면 친정어머니가 생각나서 기분이 좋아 2014년 6월 조사 당시까지 버리지 못하고 사용하고 있었다고 했다.

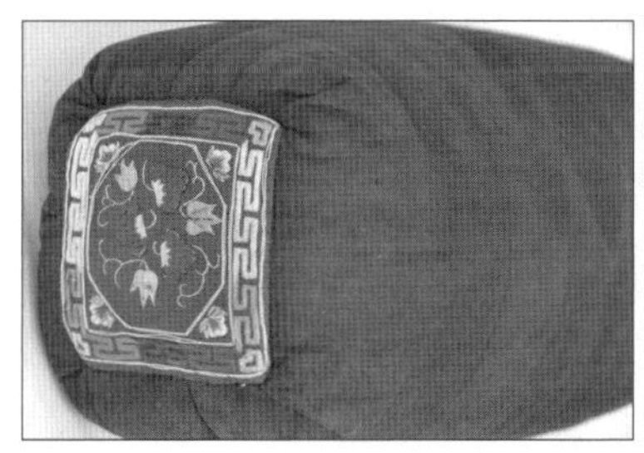

그림 6-4. 나주시 공산면 상방리가 친정인 나○례 씨가 결혼 전에 직접 딸기 문양을 수놓은 베갯모

나주 반남면 쪽염색 베개

전남 나주시 반남면 대안리 풍동마을에서 김○님 씨[47]의 모친인 고 홍○심 씨가 1950년대 초에 쪽물로 염색한 것이다(그림 6-5).

베갯모는 김○님 씨가 결혼(1954년) 예물로 사용하기 위해 호롱불

---

47. 김○님(1936년생). 2010. 9. 11. 나주시 세지면 교산리 풍동마을 자택에서 인터뷰.

밑에서 직접 수를 놓았는데, 당시 베갯모의 수를 놓는 비용은 쌀 한 되 반 가격이었다고 했다. 베갯잇의 직물은 무명이며, 쪽물로 염색되어 있다. 2010년까지 베개 내용물만 왕겨에서 돈부껍질로 바꿔가며 사용해 오다가 2010년 9월에 한국천연염색박물관에 기증하였다.

그림 6-5. 나주시 반남면 대안리가 친정인 김○님 씨가 1950년대에 결혼 예물로 제작한 쪽염색 베개

3

전통 신발, 화혜

전통 신발

우리 전통 신은 만드는 재료, 신분과 성별, 형태, 의례용과 평상용, 계절용으로 구분되면서 다양한 것들이 이용되었다. 그중에서 가죽 신은 화혜(靴鞋)라 불렸다. 화혜는 장화처럼 생겼고 울이 긴 신인 화(靴)와 고무신처럼 생겼고 울이 짧은 이(履)·혜(鞋)로 크게 구분되며, 이 둘을 화혜라고 한다. 조선 시대에는 혜가 대표적인 신발이었으며, 화는 주로 싱류 계층에서 행사 때 사용한 신이다.

이외에 왕이나 왕비의 예식용 신은 석(舃), 일반 관리들의 관복용(官服用)은 화자(靴子), 그 외 사대부 남자들의 평상용 신은 태사혜(太史鞋), 비 오는 날 신는 유혜(油鞋), 사대부 여자들의 신으로는 온혜(溫鞋)·당혜(唐鞋)가 있다. 유혜는 비가 오는 날(진날)에 신는다고 해서 진신이라고도 한다. 신의 재료에 따라서는 가죽과 비단으로 만든 화혜 외에 나무로 만든 나막신, 짚으로 만든 짚신 등이 있다.

전통 신을 만들었던 사람 중에서 화(靴)를 만드는 장인에 대해 화장(靴匠), 혜를 만드는 장인은 혜장(鞋匠)이라고 했다. 《경국대전(經國大典)》에 의하면 공조(工曹)에는 각각 6명의 화장과 혜장이 있었고, 상의원(尚衣院)에는 10명의 화장과 8명의 혜장이 소속되었다는 기록이 있다.

《대전회통(大典會通)》 경공장(京工匠) 본조(本條)에도 화장과 혜장이 각각 6명씩 배속되었다는 기록이 있다. 과거에는 화장과 혜장을 별도로 구분했으나 현대에는 이 2가지 기술을 통칭해 화혜장(靴鞋匠)이라 한다. 그리고 2004년 2월에 화혜의 전통 기술에 대해 국가무형문화재 116호 화혜장으로 지정해서 보호하고 있다.

한편, 〈동아일보〉 1930년 4월 6일 '변천(變遷)도 형형색색(形形色色) 10년간 유행오락(十年間流行娛樂)'이라는 기사에는 다음과 같은 내용이 있다.

"약 10년 전만 해도 조선 남녀들의 신발은 예전 발막뒤, 태사신, 말은신, 징신, 홍대, 청대의 반절음과 짚신, 륙말메투리의 뒤를 이어 이름조차 새로운 경제화나 구두가 대유행이었다. 그때 경제화(經濟靴)야말로 무명 혹은 가방으로 만든 수수한 경제화나 우단 혹은 명주로 만든 사치한 경제화, 이것이 아니면 유행을 따르는 경향 남녀들의 빼놓을 수 없는 큰 장식품이었던 것이다."

신이 많이 변했음을 알 수 있는 기사인데, 그 이전인 1922년 8월

5일 대륙고무주식회사가 우리나라 최초로 '대장군'이란 상표를 달아 출시한 검정 고무신의 판매와 양복의 도입으로 급격하게 사양길에 접어들었다. 고무신은 대륙고무주식회사, 1921년부터 고무신을 만든 중앙상공주식회사, 군산의 만월표 고무신공장(1932년) 등에서 잇달아 출시했으나 비싸서 서민들은 여전히 짚신을 많이 신었다.

〈동아일보〉 1938년 7월 12일 '초화(草靴)에 양복(洋服) 신발에도 비상색(非常色)! 홍천화산소학교생근로(洪川花山小學校生勤勞)'라는 기사에는 "고무신은 원료 부족으로 그 값이 배나 올라 소비층인 농촌 사람들에게도 위협을 주는 터라는데, 홍천화산소학교 아동들은 자기 손으로 짚신을 삼아서 신고 다닌다는 바, 한갓 양복에 짚신 신고 체조하는 양을 도회 사람들이 본다면 매우 우습다 하겠다"라는 내용이 있다.

순천의 화혜

일제 강점기는 신의 종류와 재료가 빠르게 변하던 시절인데, 야나기 무네요시(柳宗悅)가 1937년에 쓴 《전라기행(全羅紀行)》에는 그가 순천을 방문해 우리 전통 신을 보고 기록을 해 놓은 글이 있다.[48] 그

---

48. 柳宗悅. 1937. 全羅紀行. 工藝 第82号.

내용은 다음과 같다.

"순천에서는 조선화(朝鮮靴), 칠보(七宝)반지, 자수(刺繡) 등을 보았다. 그중에서 신발(靴)은 모양과 세공이 훌륭했다. 아쉽게도 지금은 일반적으로 이런 종류의 것이 버려지고, 결국 호모(護謨) 고무신으로 대체되고 있다. 다양한 색깔의 아름다운 신발들을 늘어놓은 가게가 조선에서 거의 사라져 버린 것은 거리에서 얼마나 알록달록한 색을 빼앗았는가? 그렇다고 모양새만은 지금도 고수되고 있는 것은 간과할 수 없는 사실이다."

야나기 무네요시는 당시 없어져 버린 전통 신을 순천에서 보고 모양과 세공의 훌륭함에 대해 기록해 놓았던 것이다. 따라서 순천에는 야나기 무네요시가 방문했던 1937년에도 화혜가 제작 및 판매되었던 것으로 추정된다.

7장

염색공예

1

감물염색

전남의 감물염색

우리나라에서 감물염색이나 감물염색 옷의 기원은 명확하지가 않다. 우리나라 남국의 세시풍속을 소개하는 저서에는 약 700여 년 전에 고기잡이 할아버지가 낚싯줄이 자주 끊어지자 낚싯줄에 감물을 들였더니 낚싯줄이 더 질겨지고 고기는 더 잘 잡혔다는 하나의 전설이 등장한다.[49] 감물염색된 유물은 1965년 7월 광주 무등산에서 당시 약 350년 진에 이용되었을 깃으로 추정되는 면직물이 출토되었다.[50] 따라서 전남 지역은 현재까지 가장 오래된 감물염색 직물이 출토된 지역이다.

조선 시대의 감물염색 기록은 많지 않으나 근대에 감물염색을 했

---

49. 진성기. 1969. 남국의 세시풍속. 제주민속문화연구소.
50. 이정숙. 1982. 조선 중기 출토 면직물의 특성에 관한 연구. 서울대학교 대학원 석사학위논문.

던 곳들은 신문 기사, 어르신들의 인터뷰에서 쉽게 확인할 수 있다.

근대 전남에서 감물염색을 했던 지역은 특정 지역으로 한정되지 않고, 해변 지역, 평야 지역, 산간 지역에 이르기까지 폭넓다(표 7-1). 감물염색 대상으로는 천과 옷을 염색했는데 천보다는 옷이 많았다. 이는 천을 염색한 다음 바느질을 하면 감물염색한 천에 바늘이 잘 안 들어가기 때문인 것으로 생각되었다.

감물염색 대상물은 천, 옷, 그물, 투망 등 다양했다. 근대 제주도에서는 감물로 천을 염색하면 천이 뻣뻣하고 바느질이 어려우므로 주로 옷을 만들어 염색하였는데[51], 전남 지역에서는 천을 염색하여 이용한 사례도 많았다.

감물염색에 이용되었던 감은 야생종 감이나 떨어진 감을 많이 이용하였다. "모심고 나서 떨어진 풋감을 염색에 이용했다"[52], "감물염색은 어렸을 때부터 풋감으로 하는 것을 보았으며, 30대 초까지 직접 해보기도 했다. 그런데 당시에는 먹을 것이 없었던 시절로 염색보다는 먹는 것이 더 중요했다"[53] 등의 제보를 감안할 때 근대 전남에는 감물염색 문화가 존재했었다.

---

51. 허북구·박지혜. 2013. 근대 제주도의 감 문화와 감물염색. 세오와 이재.
52. 위○(1945년생). 2016. 8. 28. 장흥군 관산읍 방촌리 방촌유물전시관에서 인터뷰.
53. 장○엽(1939년생). 순천시 주암면 한곡리 자택에서 인터뷰.

표 7-1. 근대 전남에서 천과 옷에 감물염색을 했던 연대와 지역**54**

시기	대상	지역	제보자
1930년대	명베**55**	장흥군 관산읍 농안마을	박○자
	작업복	진도군 군내면 세등마을	박○신
	감물중우(바지)	진도군 고군면 도론리	박○석
1940년대	치마	강진군 성전면 동령리	마○심
	무명베	나주시 반남면 대안리	김○호
	미영베	니주시 문평면 지산리	나○근
	무명베	무안군 일로읍 의산리	이○자
	삼베	보성군 복내면 일봉리	이○덕
	삼베	보성군 문덕면 대운리	박○언
	옷	진도군 군내면 세등마을	김○지
	옷	해남군 계곡면 장소리	김○심
	옷	화순군 동면 운곡리	최○례
	명베, 치마	화순군 청풍면 석치리	박○님
1950년대	버선	담양군 무정면 영천리	김○춘
	옷	담양군 무정면 봉안리	정○례
	옷	곡성군 오곡면 압록리	임○연

---

54. 허북구. 2016. 근대 전남의 천연염색 문화와 전통기술. 세오와 이재.

55. 전남에 거주하는 고령자들은 무명을 대부분 미영베 또는 명베라고 표현을 했으므로 그대
로 표기를 하였다.

근대 전남의 감물염색 방법

근대 전남에서 감물염색은 주로 풋감(미숙감)을 절구에 넣고 파쇄하여 즙을 내고, 그것에 옷을 넣어 주무르면서 감물이 옷에 스며들게 하는 방법이 많이 이용되었다. 이것은 그 당시 제주도에서 감물염색에 이용했던 방법과 다소 유사했다.

하지만 제주도에서는 옷을 뒤집은 후 옷에다가 파쇄물을 놓고 비비는 방법 등도 활용한 반면에 전남에서는 대부분 옷을 절구 안에 넣고 감 파쇄물과 함께 비벼서 감물을 흡수시켰다(그림 7-1). 또 풋감을 착즙한 다음 그 즙액을 이용하여 물들이는 방법으로는 풋감을 파쇄 후 파쇄물을 삼베나 명베(무명)로 감싸서 즙액을 착즙 후 즙액에 천을 담가 감물을 들이기도 했다.

근대 전남에서 감물염색 시 염색 횟수는 대부분 1회를 하였다. 즉, 천이나 옷에 감물을 들인 후 건조하여 바로 입거나 물에 담갔다가 건조하기를 반복하면서 발색을 시켰다. 그러나 일부 사람들은 감물염색을 한 다음 건조가 되면 다시 한번 감물을 들였다. 감물을 2회에 걸쳐 들인 것은 특정 지역에서 공통적으로 행해진 것은 아니었고, 염색하는 사람의 취향에 의한 것으로 나타났다.

감물염색은 다른 염료를 이용한 염색과는 달리 감물을 천이나 옷에 들여도 곧바로 발색이 되지 않는다. 감물을 들인 천을 빛, 수분 및 산소에 충분히 노출시켜야 발색이 된다. 그러므로 감물염색을 하기 위해서는 감물을 들인 천을 햇볕 아래에 두고, 건조되면 물을 축여 가면서 3~5일간 발색시키는 경우가 많다.

그런데 근대 전남에서는 옷에 감물을 들인 후 건조가 되면 곧바로 입고, 발색시킨 사례가 가장 많았다. 그리고 천이나 옷에 감물을 들인 후 수분처리를 해가면서 3~5일 정도 발색시킨 사례도 드물게 있었다.

그림 7-1. 절구 안에서 감 파쇄물과 함께 천을 비벼서 감물을 흡수시키는 모습

진도에서 감물염색의 활용

근대 전남에서는 각지에서 옷에 감물을 들여 이용했지만 그 비율은 높지 않았다. 그러나 진도군에서는 1940년대의 경우 거의 모든 사람이 감물 옷을 입었을 만큼 감물염색 옷의 착복 비율이 높은 것

으로 나타났다.

특히 1950년대 초반까지만 해도 "어른들이 있는 집은 중우(바지)에 감물염색을 하였고, 어른들은 감물중우를 입고 다녔다".[56] 진도군에서는 "명베로 만든 남자들의 바지를 중우라 했고, 감물을 들인 것을 '감물중우'라 했는데, 어른들의 '감물중우'는 다 있었다".[57]

그러므로 근대 진도군에서 감물로 염색한 바지는 필수품이었으며, 바지 외에 감물염색한 상의도 일상적으로 입었을 만큼 이용 비율이 높았다. 다만, 감물염색한 옷을 의례용이나 외출복으로 이용했던 비율은 낮았다.

진도에서 177명의 고령자를 대상으로 1940년대 전후에 감물염색 옷을 입고 다닌 사람을 본 사람 수를 조사한 결과 120명(67.8%)이었다.[58] 이와 같은 결과로 보아 1940년대에 진도에서는 제주도를 제외한 다른 지역과 뚜렷하게 차별화될 만큼의 감물염색 문화가 존재하고 있었다.

진도에서 고령자 177명을 대상으로 1940년대 전후에 감물염색하는 것을 본 사람의 비율을 조사한 결과 본 사람은 31.6%였으며, 지역에 따른 차이가 크게 나타났다. 조사대상들 모두가 감물염색하는 것을 보았다고 응답한 지역은 고군면과 진도읍이었으며, 군내면에

56. 안○순(1936년생). 2016. 11. 13. 진도군 고군면 오하리 자택에서 인터뷰.
57. 김○지(1933년생). 2016. 11. 13. 진도군 군내면 세등마을 복지관에서 인터뷰.
58. 허북구. 2017. 근대 전남 진도의 감물염색 기술과 문화. 세오와 이재.

서는 59.5%, 의신면에서는 38.1%, 임회면에서는 15.2%였다. 반면에 조도면과 지산면에서는 감물염색하는 장면을 보았다는 응답자가 1명도 없었다.

진도에서 고령자 177명을 대상으로 1940년대 전후에 감물염색 경험 유무를 조사한 결과 14명(7.9%)만이 감물염색을 직접 해 보았다고 했다. 감물염색 경험자 수는 지역에 따라 차이가 있어 고군면에서는 10명으로 조사대상자 중 76.9%를 차지했고, 의신면과 군내면에서는 각각 9.5% 및 5.4%만이 감물염색 경험이 있다고 응답했다. 나머지 지역에서는 감물염색 경험자가 없었다.

이러한 결과들은 1940년대에 감물염색 옷을 입고 다닌 비율이 높은 것 및 "당시에 어른들이 있는 집은 모두 감물염색을 하였다"[59]라는 제보와 차이가 있었다. 이는 조사대상자들의 부모 세대에서 마지막으로 감물염색을 많이 하였고, 1940년대에 어렸던 응답자들은 감물염색 주체가 아니었기 때문인 것으로 생각된다. 결과적으로 1930년대 태생 및 1940년대 태생의 고령자분들이 성인이 되었을 때는 감물염색을 했던 문화가 대부분 없어지던 시기였던 것으로 생각된다.

---

59. 안○순(1936년생). 2016. 11. 13. 진도군 고군면 오하리 자택에서 인터뷰.

진도에서 감물을 들였던 방법

근대 진도에서 감물염색은 주로 풋감(미숙감)을 절구에 넣고 파쇄하여 즙을 내고, 그것에 옷을 넣어 주무르면서 감물이 옷에 스며들게 하는 방법을 많이 이용하였다. 이것은 그 당시 제주도에서 감물염색에 이용했던 방법과 다소 유사했다.

하지만 제주도에서는 옷을 뒤집은 후 옷에다가 파쇄물을 놓고 비비는 방법 등도 활용되었다. 감물을 들이는 과정에서 감 파쇄물 알갱이들이 옷에 부착되고 이것이 건조되면 쉽게 떨어지지 않고, 검게 되기 때문이었다. 그러므로 옷에 감물을 들인 후에는 반드시 감 파쇄물 알갱이들을 잘 털어낸 다음 건조하였다.

감을 파쇄해서 삼베나 무명베로 감싸고 착즙한 다음 그 즙액에 옷을 넣어 감물을 들이면 짧은 시간에 쉽게 물을 들일 수 있고, 옷에 감 찌꺼기가 묻지 않아 곱게 염색되는 장점이 있다. 이 방법은 현재 착즙 방법만 달라졌을 뿐 일반적으로 행해지는 방법인데 근대 진도에서도 일부 가정에서 "감 파쇄물을 당목이나 마포로 감싸서 감물을 착즙한 다음 용기에 넣고, 옷을 넣어 주물러 물들였다"[60]는 제보가 있었다.

감 파쇄물에 옷을 넣어 주무른 다음 도구통(절구) 안에 옷을 겹치

---

60. 김○심(1930년생). 2016. 12. 4. 진도군 군내면 금성마을에서 인터뷰.

게 접어놓고 그 위에 감 파쇄물을 놓고, 무거운 돌로 눌러 놓아, 감 파쇄물의 즙액이 옷에 스며들게 한 염색방법도 행해졌다.[61]

감물을 들인 후 발색처리 시 수분처리는 발색과 밀접한 관련이 있다. 근대 진도에서는 옷에 감물을 들인 후 수분처리는 옷에 붙어 있는 파쇄물 등을 씻어내는 정도만 하거나 수분처리를 하지 않는 경우도 있었다. 감물을 들인 후 수분과 햇볕 처리는 발색을 촉진시 키기 때문에 매우 중요한데도 근대 진도에서는 햇볕에 의한 발색처 리를 안하고 당일에 입거나 2~3일 정도 짧게 했다. 이는 감물을 들 여서 건조 후 입고 다니면서 발색처리를 했기 때문인 것으로 보이 며, 그 배경에는 감물염색한 옷이 노동복으로 사용된 것과 관련성 이 높은 것으로 생각된다.

근대 진도에서 행해졌던 감물진흙염색

세계적인 신흙염색의 공동점은 주로 천이나 실을 검정색으로 염 색하기 위해 1차로 타닌 함유량이 높은 식물추출물로 염색한 후 철 분 함량이 많은 진흙으로 2차 염색하여 매염처리를 하는 것이다.

이와 같은 염색문화는 과거 진도군 군내면 월가리(월강리)에서도

---

61. 서○자(1941년생). 2017. 1. 8. 진도군 의신면 신정마을 경로당에서 인터뷰.

있었다. 이곳 출신인 김○애 씨[62]의 제보에 따르면, 어릴 때 친정아버지가 감물을 들인 천을 시금창[63](진흙) 속에 넣어 두었다가 꺼내는 식으로 염색했다고 한다. 진도읍 쌍정리에서도 이와 유사한 염색법이 있었는데, 이곳 출신의 임○자 씨[64]는 어렸을 때 친정아버지가 감물을 들인 옷을 시금창(진흙) 속에 넣어 두었다가 꺼냈다고 했다.

이로써 진도에서도 1940년대에 감물에 함유된 타닌으로 1차 염색을 하고, 진흙으로 2차 염색을 한 염색법이 2곳에서 이루어졌음을 발굴 및 확인하였다.

과거 진도에서 옷에 감물을 들인 후 진흙에 묻었다가 꺼내서 이용했던 감물진흙염색은 옷에 1차로 감물염색을 하였고, 2차로 진흙염색을 하였다. 그런데 1940년대에 감물진흙염색을 보았다는 제보자 중 1명은 감물염색 후 진흙염색을 하였다고 하였으며, 다른 한 사람은 감물염색 후 진흙염색을 하였고, 다시 감물염색을 하였다고 하여 감물진흙염색 과정이 각각 달랐다.

감물진흙염색에 사용된 진흙은 부엌에서 사용하고 난 물 등이 배수되는 곳의 시금창 흙을 사용한 공통점이 있었다. 그 연유에 대해서는 제보자들도 몰랐는데 아마도 시금창 흙은 진흙이 발효되어 입자가 곱고, 매염 성분인 철분의 환원력이 높으며, 수분이 많아 감물

---

62. 김○애(1931년생), 2016. 12. 4. 진도군 진도읍 수역리 노인복지회관에서 인터뷰.
63. '시궁창'의 전라도 사투리.
64. 임○재(1934년생), 2016. 12. 4. 진도군 군내면 월가리 노인복지관에서 인터뷰.

로 염색한 옷에 흡수가 잘되고, 그로 인해 옷에 흡수된 타닌과 반응이 쉽게 일어났기 때문이었을 것으로 추정된다.

감물진흙염색한 옷의 색상은 가지색[65]이라는 제보와 검은 밤색[66]이라는 제보가 있었다. 이것은 감물로만 염색한 것은 적갈색이었다는 제보와 비교해 볼 때 색상에 분명한 차이가 있었던 것으로 보인다.

---

65. 김○애(1931년생). 2016. 12. 4. 진도군 진도읍 수역리 노인복지회관에서 인터뷰.
66. 임○자(1934년생). 2016. 12. 4. 진도군 군내면 월가리 노인복지관에서 인터뷰.

2

그물과 뜰망염색

어구 염색 문화

세계의 많은 지역 어부들은 낚싯줄이나 그물을 염색했던 전통을 갖고 있다. 바닷물에 의한 그물의 부식을 방지할 수 있고, 그물을 위장하는 효과도 있으며, 가라앉는 속도·내마모성·매듭 안정성 및 어획량을 향상시킬 수 있기 때문에 어부들은 종종 그물을 염색해 왔다.

과거 동남아시아의 많은 지역에서는 주로 서랑(薯榔)을 그물 염색에 사용했다. 말레이시아 서해안의 어부들은 황마로 만든 그물을 튼튼하게 하기 위해 맹그로브 염료를 사용했다. 인도의 어부들은 타닌 함량이 많은 아카시아 카테추(*Acacia catechu*)로 그물을 염색했다. 일본의 어부들은 소귀나무(*Myrica rubra*) 등 몇 가지 염료식물과 함께 발효시킨 감물을 그물염색에 사용했다.

우리나라 제주도 감물염색은 감물로 낚싯줄이나 그물을 염색한 데서 유래되었다는 전설이 있다.

그물 등 어구에 감물을 염색하는 기술과 문화는 여러 자료를 검토해 볼 때 일제 강점기까지도 상당히 일반화되었던 것으로 판단된다. 1931년 3월 16일 〈경성일보(京城日報)〉에는 감물염료 광고가 있다. 〈경성일보〉는 대한제국 말기부터 일제 강점기에 걸쳐 조선총독부 기관지로 경성(서울)에서 빌행된 일본어 신문이므로, 광고 또한 일본어로 되어 있다.

광고 제목은 '상등시삽(上等柿澁) 〈투망계의 복음(投網界の福音)〉'이다. 일본어로 되어 있는 내용은 일본산의 순수한 감물(柿澁)로 투망(投網)에는 1회에 5번을 사용할 수 있다고 되어 있다. 판매처는 삼산상점(杉山商店)이며, 상점의 위치는 경부선 대전 춘일 거리로 되어 있다.

투망은 그물을 던져서 하는 어업의 일종으로 용어인 투망은 일본에서 들어온 한자이다. 위의 광고가 1931년 3월의 것으로 당시에 일본에서 만들어진 감물염료(빌효감물)기 국내에서 판매되었으며, 그물용으로 유통되었음을 알 수 있다.

〈조선일보〉 1935년 2월 27일 '시삽제조법여하(柿澁製造法如何)'라는 기사에는 전라북도 김제에 사는 독자의 질문에 대한 답변이 나온다. 질문 내용은 "그물을 오랫동안 보존 또는 사용하기 위해 시삽(柿澁, 감물의 일본어 표현)을 첨염(添染)하는데, 그 제조법을 몰라서 후원에 있는 감나무를 두고서도 고가(高價)의 시삽을 사서 사용하고 있습니다. 시삽을 가정에서 간이로 제조하는 방법과 그 저장법을 알려 주세요. 김제 독자"였다.

1935년 8월 16일 〈조선일보〉 2면의 기획연재 기사인 '생활 해전 종군기 (13) 강화도 민어잡이 B'에는 "그물에다 감물(澁柿)을 들여 돗대에 걸어 놓고 언덕 위에 궤딱지같이 막을 쳐 놓은 술집 문을 두드려 얼근히 몇 잔 먹어 덜 바쁜 틈을 타서 소처올르는 '흠씩'을 위안한다"라는 내용이 있어서 당시에 감물염색이 이루어졌음을 알 수 있다.

전남의 그물과 뜰망염색 문화

그물과 투망 등에 염색했던 문화는 전남 해안 지역과 영산강 어부들에게도 있었다. 전남에서는 감물, 소나무 속껍질, 옻나무 껍질, 돼지 피, 소 피 등이 염색에 사용되었다.

감물은 대량으로 사용되었다. 감물은 특히 많이 사용되어 일제 강점기 목포에서 풋감을 그물염색용으로 수매를 할 정도였다. 경상북도 상주감연구소장을 지낸 조두현 박사에 의하면 "1990년대 중반에 완주군 고산면 밤실 노인정을 방문해 감 문화를 조사했는데, 그때 어르신들은 감을 따서 목포로 보내서 판매했다고 하셨다. 목포

표 7-2. 근대 전남에서 그물과 투망에 감물염색을 했던 시기와 지역

시기	대상	지역	제보자
1930년대	그물	나주시 반남면 대안리	김○수
	그물	나주시 반남면 대안리	방○치
	그물	장흥군 대덕읍 옹암리	안○례
1940년대	그물	나주시 반남면 대안리	김○호
	그물, 투망	무안군 일로읍 의산리	이○자
	그물	영광군 염산면 상계리	김○황
	그물, 투망	영광군 군남면 동월리	황○님

에서 어망하는 사람들이 구매했다"라고 했다(2017년 10월 12일 조두현 박사와 전화 인터뷰).[67]

나주시 반남면 대안리 풍동마을에서 태어나 자란 김○수 씨는 "어릴 때 감물로 그물을 염색하는 것을 보았다"[68]라고 했다. 무안군 일로읍 의산리 덕치마을에서 태어나 자란 이○자 씨는 "친정은 바닷가였는데, 아버지는 그물을 감즙으로 염색해서 고기 잡으러 다니기도 했으며, 오빠들이 투망 같은 데에도 감물염색을 하였다"[69]라고 했다.

영광군 염산면 상계리 남계마을에서는 "소나무속 껍질을 삶아서

---

67. 허북구. 2021. 전남의 떫은 감, 감물 페인트 자원 삼자. 전남인터넷신문 농업칼럼 2021. 5. 24.
68. 김○수(1925년생). 2016. 10. 23. 나주시 반남면 대안리 풍동마을 입구에서 인터뷰.
69. 이○자(1935년생). 2016. 10. 30. 나주시 문평면 대도리 입석마을 자택에서 인터뷰.

투망과 그물에 염색했으며"[70], 영광군 군남면 양덕리에서는 "1940
년대에 옻나무 껍질을 찧어서 투망에 염색했던 문화가 있었다".[71]

나주시 다시면 청림마을에서는 뜰망에 염색했다. 뜰망은 뜰채의
그물이다. 뜰채는 물고기 따위를 건져 올릴 때 쓰는 도구이다. 뜰채
의 모양은 다양한데, 나주시 다시면 청림마을에서는 1950년대까지
뜰채를 사용해 고기를 잡았다.

이 마을에서는 뜰망이 달린 사각형으로 된 것에 대를 달아 물속
에 두었다가 고기가 지나갈 때쯤 뜰망이 있는 반대편의 대나무 끝
부분을 발로 밟거나 눌러서 뜰채를 채 올려서 물고기를 잡았다(그
림 7-2). 이 뜰채에 달았던 뜰망은 풋감을 채취하여 절구에서 파쇄한
다음 즙을 짜서 염색한 것을 이용하였다. 감물이 없을 때는 돼지 피
를 이용하여 염색하기도 했다.[72]

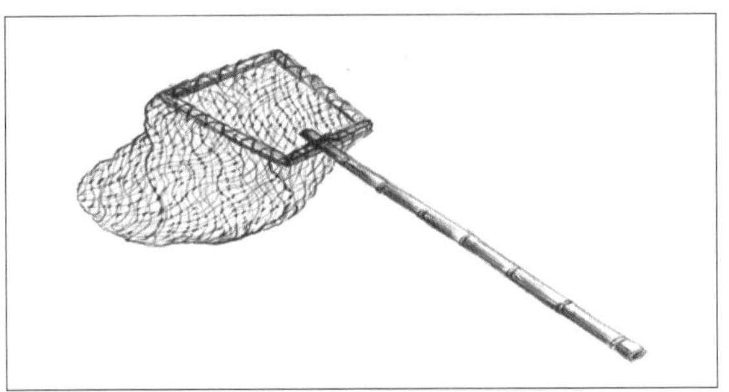

그림 7-2. 1950년대까지 전남 나주시 다시면 청림마을에서 뜰망에 감물염색했던 뜰채
의 모양

70. 김○황(1936년생). 2016. 10. 30. 영광군 군남면 도철리 도철경로당에서 인터뷰.
71. 김○순(1939년생). 2016. 10. 30. 영광군 군남면 도철리 도철경로당에서 인터뷰.
72. 최○보(1929년생). 2016. 4. 23. 나주시 한국천연염색박물관에서 인터뷰.

감물을 그물에 염색한 이유에는 여러 가지가 있었다. 우선 당시의 그물은 목화 실로 짠 것이 대부분으로 실이 물에 닿으면 부풀어 올라 쳐졌는데, 감물로 염색하면 쳐지는 것이 방지되었다. 또 감물로 그물을 염색하면 그물이 얽히는 것을 방지하고, 수명이 길어졌다.

영산강 어부의 그물 염색 방법

그물에 감물이나 피를 염색했던 공예문화는 영산강의 어부들 사이에서도 전해져 왔다. 영산강은 1978년에 착공되어 1981년 12월에 완공된 영산강 하굿둑이 건설되기 전까지 고기잡이하던 어선들이 많았던 곳이다. 당시 어선 중에는 조상 대대로 내려오는 방법대로 감물이나 소 피로 그물을 염색한 다음 고기잡이에 사용한 어부들이 있었다.

어부들이 면사로 만들어진 그물에 감물 및 소 피로 염색했던 이유는 그물이 튼튼하게 되고 수명이 길어지며, 투망질 할 때 그물이 잘 펴지기 때문이었다.

영산강 어부들은 그물에 감물을 염색하거나 소 피를 염색하는 것에 대해 "갈 먹인다"라고 표현했다. 염색 방법은 널벅(나주에서 용기로 함지박처럼 만든 용기를 일컫는 말)에 그물을 놓고 소 핏덩어리를 올려놓고 세게 주무르고 문지르면서 염색하였다(그림 7-3). 염색된 그물은

빨랫줄에 널어서 건조한 다음 시루에 넣고 쪄서 건조하고 마무리했
다. 시루에 찔 때는 그물이 시루벽에 닿아서 눌거나 타는 것을 방지
하기 위해 시루 바닥과 옆에는 짚으로 엮을 것을 놓고 그 안에 그물
을 놓았다.[73]

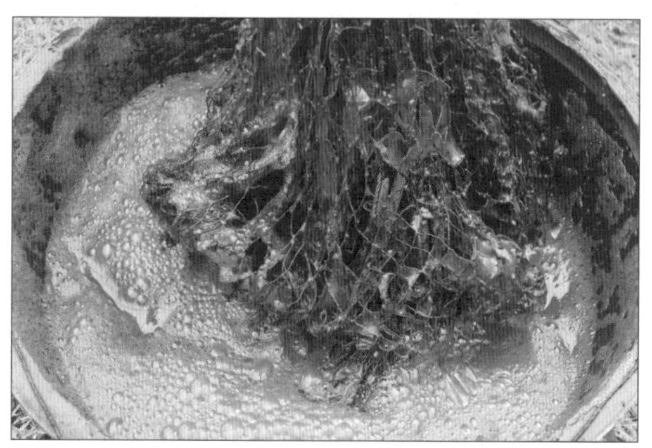

그림 7-3. 소 피를 이용한 그물염색

영산강 어부들은 돼지 피는 잘 사용하지 않았는데, 이는 돼지 피
가 그물에 잘 스며들지 않기 때문이었다. 소 피는 나일론 그물에도
잘 스며들어 2000년대 초반까지 그물염색에 사용되었다. 그 이후에
는 그물을 염색하지 않거나 니스를 처리하고 있다.

영산강 어부들이 소 피를 이용해 염색한 그물은 단단하고 매끄럽
게 되었다(그림 7-4).

---

73. 최ㅇ권(1951년생). 2022. 6. 10. 나주시 다시면 석봉마을 자택에서 인터뷰.

그림 7-4. 소 피로 염색한 그물

3

목본류를 이용한 천의 염색

밤나무를 이용한 염색

밤나무(*Castanea crenata*)는 참나무과의 낙엽교목으로 높이 10~15m, 지름 30~40cm 정도 자란다. 밤나무는 2,000여 년 전 중국의 승려가 우리나라를 왕래하면서 들여온 것으로 추정되고 있다. 나무껍질은 세로로 갈라지며, 작은 가지는 자줏빛을 띤 붉은 갈색이다.

근대 전남의 광양과 나주에서는 밤나무가 천의 염색에 이용되었다. 광양과 나주는 거리가 멀고, 중간에 순천, 화순 등 몇 개 지역이 있으므로 더 많은 사람을 대상으로 조사하면 다른 시군에서도 밤나무 및 상수리나무로 천을 염색했을 것으로 추정된다.

근대 전남에서 밤나무를 염색에 이용 시 염료로 이용했던 부위는 껍질과 가지였다. 껍질을 이용했던 곳은 광양시 봉강면 지곡리였다.[74] 밤나무 가지를 이용했던 곳은 광양시 봉강면 구서리와 나주시 반남면 대안리였다.

밤나무껍질에서 염료를 추출해서 염색했던 광양시 봉강면 지곡리 정○남 씨[75]의 집에서는 밤나무껍질을 두껍게 벗겨서 잘게 절단한 후 솥에 넣고 소여물 끓이듯이 푹푹 삶아서 추출했다. 모시는 귀했으므로 집에서 짠 명주천을 밤나무 삶은 물에 넣어서 염색했다. 밤나무껍질로 염색한 천은 불그죽죽하거나 거무튀튀한 색이었는데, 깨끗한 물에 씻고 나서 건조한 후에 저고리를 만들어 입었다.

매염 방법은 나타나지 않았는데 이는 구술자가 당시에 어려서 기억을 못했는지, 실제로 매염처리가 이루어지지 않았는지는 불명확했다.

나주시 반남면 대안리 풍동에서는 밤나무를 물에 끓인 후 추출된 물에 옷을 염색한 다음 다시 뻘(갯벌)에 묻어서 염색하는 방법이 있었던 것으로 조사되었다. 그중 나주시 반남면 대안리 풍동마을 김○호 씨[76]의 집에서 1950년대 밤나무를 이용하여 면직물을 염색했던 방법[77]이 있다.

이 방법은 가을철에 밤나무의 마른 잎이 붙어 있을 때 니멋기지를 채취한 후 밤나무 가지를 가마솥에 넣고, 닥나무를 찌듯이 삶으면 노르스름하고 불그죽죽한 물이 되었다. 추출된 염액에 천을 넣

74. 정○남(1934년생). 2016. 9. 15. 광양시 봉강면 지곡리 자택에서 인터뷰.
75. 정○남(1934년생). 2016. 9. 15. 광양시 봉강면 지곡리 자택에서 인터뷰.
76. 김○호(1939년생). 2016. 10. 8. 나주시 한국천연염색박물관에서 인터뷰.
77. 김○호(1939년생). 2016. 10. 8. 나주시 한국천연염색박물관에서 인터뷰.

고 조물조물 주무르면서 염색을 하였고, 염색한 것을 수세한 후 건조하였다. 그다음 시궁창 같이 검은 흙에 넣고 발로 밟았다(뻘에 넣고 손으로 이기기도 함). 그다음 뻘에서 꺼내서 건조했다. 건조된 것을 맑은 물에 씻은 다음 건조하였다.

염색된 것은 쥐색(그레이)이었으며, 바지 등에 이용하였다. "당시 초등학교 다닐 때였는데 어머니가 흰옷은 때가 잘 탄다고 밤나무 가지 추출물로 미영베(무명)를 염색한 후 다시 뻘로 염색해서 옷을 만들어 주었다"[78]라는 제보처럼 어린이옷으로도 이용되었다.

상수리나무를 이용한 염색

상수리나무(*Quercus acutissima*)는 참나무 또는 도토리나무로 불리는 참나무속(Quercus spp.)의 주요 수종 가운데 하나로 전국적으로 분포한다. 줄기는 교목성 낙엽활엽수로 직립하며, 갈라진 흑회색 수피 사이로 속살처럼 연붉은빛이 돈다.

나무껍질과 도토리인 열매껍질에는 타닌 성분이 아주 많아서 과거부터 바닷가에서 어망을 물들이는 재료로 이용하기도 했다. 특히 상수리나무 열매인 도토리는 과거부터 갈색 염료로 사용되어 왔으

---

78. 김○호(1939년생). 2016. 10. 8. 나주시 한국천연염색박물관에서 인터뷰.

며, 국립중앙박물관에 소장되어 있는 《상지은니 묘법연화경》(1373
년)은 도토리로 한지를 염색한 후 은가루로 쓴 것이다.

상수리나무로 염색하는 방법은 밤나무 추출물로 염색하는 것과
비슷하며 나주와 진도에서 많이 이루어졌다.

"일꾼들이 흰옷을 입으면 금방 때가 타므로 상수리나무 추출물로
염색한 다음에 뻘에 묻어서 추가 염색을 하였다"[79]라는 제보처럼
노동복으로 활용하기 위한 염색이 있었다.

소나무 속껍질을 이용한 염색

소나무(*Pinus densiflora*)는 적송이라고도 하며 우리나라 내륙에 널
리 분포하는 소나무과의 상록 침엽 교목이다. 과거 소나무 속껍질
은 구황 식품으로 활용되었다. 봄철 수액이 오를 때 겉껍질을 벗긴
뒤 내피(속껍질)를 먹거나 밥에 섞어 먹기도 했고, 말렸다가 가루를
내 송기떡을 만들어 먹기도 했다. 근대 때 소나무 속껍질은 이처럼
생활 속에서 다양하게 이용되었다.

소나무 속껍질로 염색을 했던 곳으로는 나주, 영광, 장흥이 있었
다. 이 중 영광에서는 투망 및 그물에 염색했고, 나머지 지역에서는

---

79. 김○님(1936년생). 2011. 9. 25. 나주시 세지면 교산리 풍동마을 자택에서 인터뷰.

천에 염색했다. 광양과 장성에서도 소나무 속껍질을 이용해서 염색했던 것으로 확인되었는데, 이것은 각각 광양농업기술센터와 장성농업기술센터에서 조사한 자료[80]에 의한 것이다.

나주시 문평면 지산리가 친정인 나○금 씨[81]는 "어릴 적에 어머니가 소나무 껍질(송키)을 솥에 넣고 물을 부어서 끓인 다음 무명베옷을 하룻밤 정도 담가 놓고 염색했다"고 했다. 친정이 나주시 반남면 대안리인 김○님 씨[82]는 "어머니가 소나무 속껍질을 물에 담가 놓고 불그스름한 물을 뺀 다음 이 물에 염색 후 다시 뺄에 묻어서 염색했다"고 하였다.

친정이 영광군 염산면 상계리 남계마을인 김○황 씨[83]는 "어릴 적에 소나무 속껍질을 삶아서 투망 및 그물에 염색하는 것을 보았다"라고 했다.

장흥군 관산읍 옥당4구에 거주하고 있는 김○비 씨[84]는 "어렸을 때 소나무 속껍질로 염색하는 것을 보았다"라고 했다. 즉, "소나무 속껍질(송쿠)을 벗긴 다음 찧어서 물에 담가 놓으면 불그죽죽한 물이 빠져나오는데, 그 물에 모시를 담가서 주물러 염색하는 것을 보았다"라고 했다.

---

80. 농촌진흥청 기술지원국. 2007. 농림부산물을 이용한 천연염색. 농촌진흥청.
81. 나○금(1935년생). 2016. 10. 30. 나주시 문평면 동월리 동아마을 경로당에서 인터뷰.
82. 김○님(1936년생). 2011. 9. 25. 나주시 세지면 교산리 풍동마을 자택에서 인터뷰.
83. 김○황(1936년생). 2016. 10. 30. 영광군 군남면 도철리 도철경로당에서 인터뷰.
84. 김○비(1921년생). 2016. 9. 26. 장흥군 관산읍 옥당4구 마을 앞에서 인터뷰.

한편, 농촌진흥청에서 펴낸《농림부산물을 이용한 천연염색》[85]에 의하면 장성군 장성읍 안평리에서는 소나무 껍질을 벗겨다가 큰 솥에 넣고 끓여 물을 우려낸 다음 콩대 잿물을 넣어 염색했으며, 광양시 광양읍 세풍리에서는 소나무 속껍질과 짠 베를 함께 넣고 삶아 염색했다고 기술되어 있다.

근대 전남에서 소나무 속껍질로 천을 염색했던 곳들은 여러 군데로, 대부분이 소나무 속껍질 추출물로 염색한 후 염색을 마쳤다. 그러나 나주시 반남면 대안리가 친정인 김○님 씨[86] 집에서는 소나무 속껍질 추출물로 염색한 후 다시 한번 뻘로 염색하였다.

85. 농촌진흥청 기술지원국. 2007. 농림부산물을 이용한 천연염색. 농촌진흥청.
86. 김○님(1936년생). 2011. 9. 25. 나주시 세지면 교산리 풍동마을 자택에서 인터뷰.

4
삼베 짜기용 치자풀과 염색

치자나무(*Gardenia jasminoides*)는 꼭두서니과에 속하는 상록성 관목이다. 남부지방에서 재배하는 관상식물로 일본 오키나와, 대만, 중국에 분포한다. 우리나라에는 1500년경 중국에서 도입하여 주로 남부지방에서 많이 재배하고 있다. 열매의 바깥 면은 적갈색 또는 황갈색을 띠고 있으나 내면은 황갈색이며, 보통 9월에 황홍색으로 익는다. 이 열매는 치자(梔子)라고 하는데, 옛날부터 황색 염료로 많이 이용되어 왔다.

근대 전남 곳곳에서 직물염색은 주로 천을 이용하였으나 일부 사람들은 옷에 염색했다. 염색 대상은 "일상적으로 입는 옷에도 치자 염색을 하여 이용하였다. 어머니는 치자로 염색한 천과 장에서 물감을 사다가 염색한 것을 조각내어 이은 다음 옷을 만들어 주었다. 그리고 삼베를 치자로 물들여서 수의로도 사용하였다"[87]라는 제보처럼 일상용은 물론 수의용으로도 이용되었다.

근대 전남에서 염색을 위한 치자 색소의 추출은 대부분 사용하기 하루 전에 치자를 쪼개서 물에 담가 놓는 방법을 취했다. 일부 사람들은 치자를 쪼개서 물에 담가 놓은 다음 치자를 손으로 주물러 색소를 추출하였고, 치자를 물에 넣고 끓여서 추출했다는 응답자도 1명이 있었다.

실이나 직물에 치자염색을 했던 주된 이유는 옷을 예쁘게 하기 위해서였다. 또 "치자로 염색한 실로 베를 짜면 색깔이 예쁘고 가격도 비싸게 팔렸다"[88]라는 제보처럼 베도 비싸게 판매할 수가 있었다. 치자염색은 천이나 옷보다는 삼베를 맬 때 실에 많이 적용되었다. 즉, 삼베를 맬 때 치자 색소를 풀에 섞은 다음 솔로 풀을 먹이면 실이 노랗게 염색되었으며, 염색된 실은 베를 짤 때 이용되었다.

삼베를 맬 때 풀은 주로 구례, 곡성, 광양, 순천 등지에서는 메밀풀을 많이 사용했고, 일부에서는 보리밥을 지은 다음 으깨고 끓여서 풀을 만들거나 보리쌀을 고아서 사용했는데, 이 풀에 치자 색소 추출물을 혼합해 두었다가 풀과 함께 사용했다.

풀은 삭혀서 사용한 사례도 많았는데 방법은 보리밥을 항아리(오가리)에 넣고, 한지로 뚜껑을 덮고 묶은 다음 4~6일 정도 방치해서 삭혔다. 여기에 생콩가루를 섞거나 된장을 섞기도 하였다. 삭힌 것은 냄새가 시큼하면서도 고약했고, 곰팡이가 많이 생기면 걷어 내

---

87. 임○순(1937년생). 2016. 10. 23. 나주시 반남면 대안리 방두마을 입구에서 인터뷰.
88. 유○례(1948년생). 2016. 10. 21. 나주시 한국천연염색박물관 앞에서 인터뷰.

고 사용하였다. 풀에 된장을 섞은 이유는 뻣뻣한 삼을 부드럽게 하기 위해서인데, 냄새가 고약했다. 삼 맬 때 보리밥풀을 사용하면 잘 미끄러졌다.[89]

전남 광양시 봉강면 지곡리 정○남 씨[90]의 집에서 1940년대에 이뤄졌던 삼베 제조과정 및 치자염색 방법은 그림 7-5와 같다. 치자염색에 대한 특별한 기술이 필요한 것은 아니고 풀에 치자 색소를 섞어서 베 맬 때 치자 색소가 함유된 풀을 묻힌 다음 날실에 칠을 하면 되었다.

89. 이○임(1924년생). 2016. 10. 16. 장성군 삼서면 수해리 하해마을 경로당에서 인터뷰.
90. 정○남(1934년생). 2012. 1. 24. 광양시 봉강면 지곡리 자택에서 인터뷰.
91. 정○남(1934년생). 2012. 1. 24. 광양시 봉강면 지곡리 자택에서 인터뷰.

작업 과정	방법
삼머리 추리기	건조 저장된 삼을 꺼내어 삼머리 부분을 가지런하게 추려 한 춤씩 묶었음.
삼머리 도프기	묶어 놓은 삼을 30~40분 동안 물에 축인 다음 도패만에 올려놓고 도패로 삼머리 부분을 훑어 냄.
삼 째기	삼을 부드러워질 때까지 물에 담갔다가 물기를 짜고 알맞은 넓이로 째.
삼 삼기	쪼개진 삼을 한 올 한 올 연결하여 실을 만드는 과정임.
물레질	삼을 삼아 놓은 것을 물에 불려 물레를 돌려 도뱅이를 만듦.
돌것 올리기	삼실 타래를 만듦.
탈색하기	삼실 타래를 재에 버무려 35℃ 정도의 온돌방에서 1주일 정도 띄운 다음 묻은 재를 털어내고 큰 솥에 물과 함께 넣고 삶아서 표백함.
실컷 내리기	표백과 건조시킨 실타래를 돌것에 메어 다시 내리며 내릴 때 거친 올을 다 듬어 곱고 고르게 만듦.
실꾸리 감기	직조할 때 북에서 실이 잘 풀려 나오도록 적당한 크기로 씨실을 감아 둠.
베날기(날줄)	새의 결정과 날실의 길이를 결정하여 실을 마름질하는 과정임.
베 메기	날실 표면에 생기는 잔털에 풀을 먹여 고르게 하고 적당한 습도를 갖게 하는 과정이다. 이 과정 중 치자물을 섞은 메밀풀을 사용하여 염색을 함께함.
베 짜기	건씨실과 날실을 엮어가며 베를 짬.
베 손질	직조된 베를 물에 담가 풀기를 제거하고, 건조 후 보관함.

그림 7-5. 1940년대 전남 광양시 봉강면 지곡리 정○남 씨의 집에서 이뤄졌던 삼베 제조과정 및 치자염색 방법[91]

5
쪽물염색

전남과 쪽염색

우리나라에는 천연염색의 오랜 전통이 있다. 신라 시대 때는 염관(染官)에 11인의 염장(染匠)을 두었고, 염료식물의 재배, 수확 등을 맡는 염곡전(染谷典)에는 홍전(紅典), 청색전(靑色典), 소방전(蘇倣典) 등 염색의 11장인이 있었다.

고려 시대는 직염국(織染局)에 도염서(都染署)와 상의국(尙衣局)에 장복서(掌服署) 등의 기구를 두어 염료공과 염색공을 배치하였으며, 그중 자초염(紫草染)은 우수한 염색기술을 보여 왔다. 조선 시대에는 경공장(京工匠)에 청염장(靑染匠), 홍염장(紅染匠), 황단장(黃丹匠) 등 염색장이 분업화되어 염색을 색별로 관장한 기록이 현재까지 전해지고 있으며, 염색 유물도 있다.

국가에서 염색장인을 둘 만큼 중요시했던 전통 염색기술은 1856

년 화학염료의 출현과 화학염료에 의한 대량염색 등이 이루어지고 산업화됨에 따라 점점 쇠퇴하였다. 우리나라에서 천연염색은 1940년대 이후 감물염색과 쪽물염색을 제외하고는 대부분이 합성염료에 밀려나 자취를 감추기 시작했다. 그러므로 1940년대나 1950년대 천연염색은 주로 쪽물염색과 감물염색을 통해 찾아볼 수 있다.

박복규 씨[92]는 이러한 배경에서 1976년에 쪽염색 경험자의 지역별 분포도를 조사했다. 즉, 전국 9개도에 있는 군별로 나누어 730개

표 7-3. 전국 5,326명을 대상으로 지역별 쪽염색 경험자 수(박복규, 1977)[93]

250명 이상		나주, 영광, 임실
200~249명		광주광역시(옛 광산군 포함), 함평, 담양, 부안
150~199명		장흥, 정읍
100~149명		보성, 장성, 고창, 남원
50~99명		완도, 해남, 구례, 순창, 장수
1~49명	전라남·북도	진도, 무안, 강진, 고흥, 승주, 광양, 곡성, 전주, 김제, 익산, 완주, 무주
	충청남·북도	아산, 예산, 청양, 보령, 부여, 공주, 대덕, 청원, 진천, 중원, 제천, 옥천, 영동
	경상남·북도	하동, 진양, 함안, 창원, 창녕, 합천, 함양, 기창, 성주, 문경
	강원특별자치도	정선, 평창, 횡성
	제주특별자치도	남제주, 북제주
	경기도	안성

92. 박복규. 1977. 한국 쪽물염색에 대한 고찰. 홍익대학교 석사학위논문.
93. 박복규. 1977. 한국 쪽물염색에 대한 고찰. 홍익대학교 석사학위논문.

초등학교를 상대로 1개당 5장의 설문지를 총 35,428명에게 발송하여 5,326명의 응답을 받았다.

여러 가지 설문 가운데 가족 중에 쪽염색 경험이 있다고 응답한 사람의 수가 250명 이상으로 나타난 곳은 전남의 나주, 영광 그리고 전북의 임실이었다. 200~249명이 있는 곳은 광주광역시, 전남 담양과 함평 그리고 전북의 부안이었다. 150~199명이 있는 곳은 전남 장흥과 전북 정읍이었다(표 7-3).

쪽염색 경험자들은 지역별 숫자 외에 응답자 중 가정에서 쪽염색 경험이 있다고 응답한 사람들의 비율도 전남이 49%로 가장 높았으며, 이어서 전북이 43%를 나타냈고, 다른 지역은 모두 33% 이하였

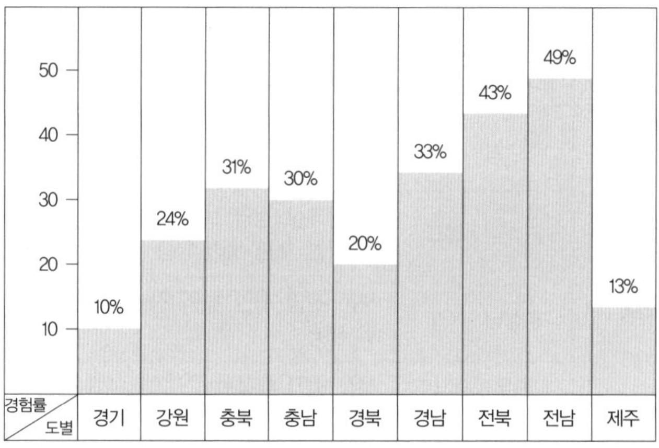

그림 7-6. 1976년 기준 쪽염색 경험자 조사에서 가족 중에 쪽염색 경험이 있다고 응답한 사람의 비율(박복규, 1977)[94]

94. 박복규. 1977. 한국 쪽물염색에 대한 고찰. 홍익대학교 석사학위논문.

다(그림 7-6). 1976년 당시 50세 이상이면 최소 1925년생이므로 근대에는 쪽염색이 많이 이루어졌음을 알 수 있으며, 특히 전남이 다른 지역보다 쪽염색을 해 본 경험자가 많은 것으로 나타났다. 결과적으로 전남은 근대에 쪽염색이 가장 많이 이루어졌던 곳이라 할 수 있다.

나주의 쪽염색

전남에 거주하는 고령자들을 대상으로 쪽염색을 조사한 결과 1940년대까지 전남 곳곳에서 쪽염색이 이루어진 것으로 나타났다. 2016년에 90세 이상의 고령자 중에는 쪽염색을 직접 해 본 경험자들도 다수 있었다. 나주시 봉황면 용전리 지동마을의 경우 1940년대에는 80% 이상의 가정에서 쪽을 재배하고, 쪽물을 염색했던 것으로 조사되었다.

이처럼 일반 가정에서도 이불이나 가족들의 옷을 염색히기 위해 쪽을 재배하고 염색하였기 때문에 특정 지역, 특정 마을에서만 쪽염색을 한 것은 아니었다. 다만 1930년대 이후 합성염료를 빨리 받아들인 곳은 그만큼 쪽염색 문화가 빨리 쇠퇴하였으며, 늦게 받아들인 곳은 늦게까지 남아 있는 등의 차이는 있었다.

하지만 1950년대 이후에는 합성염료가 급격하게 보급되면서 쪽염색이 서서히 소멸되기 시작했다. 1950년대에는 물감장수, 물방으로 불리는 합성염료 판매처가 증가했고, 염색을 대행해주기도 했는데, 극히 일부 가정에서는 1960년대까지 쪽염색을 했다.

나주에서는 과거 쪽염색을 전업으로 했던 곳들이 있었다. 대표적인 곳이 나주시 영산동 산정리 가마태마을,[95] 문평면 북동리 명하마을과 지산마을 일대,[96] 다시면 서창마을을 중심으로 용흥마을, 후석마을, 동산마을, 삼봉마을, 정가태마을이 서로 이웃해 있는 가흥리 일대이다. 이곳들은 1950년대 중·후반까지 쪽물염색을 생업으로 해 왔던 곳들이다.[97] 나주시 반남면 대안리 풍동마을 또한 생업으로 했던 사람들이 있었는데 쪽염색에 이용했던 샘은 지금도 남아있다.

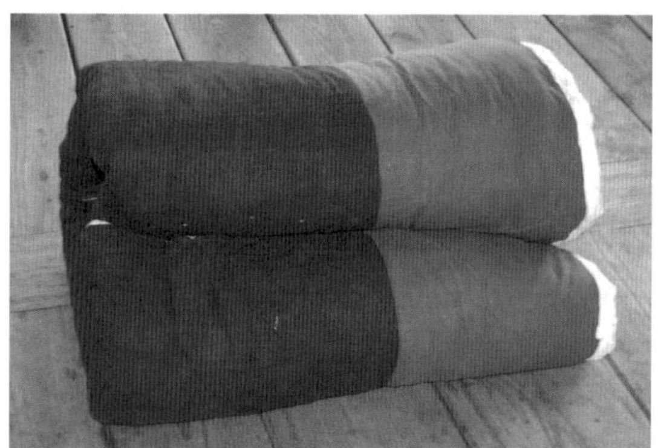

그림 7-7. 나주에서 일제 강점기에 이용된 쪽염색 이불

95. 김○동(1931년생). 2009. 9. 6. 나주시 공산면 신곡리 나주영상테마파크에서 인터뷰.
96. 윤○운(1921년생). 2009. 10. 2. 나주시 문평면 북동리 명하마을 자택에서 인터뷰.
97. 최○보(1929년생). 2009. 4. 29. 나주시 한국천연염색박물관에서 인터뷰.

나주에서 쪽염색을 전업으로 했던 곳들이 늦게까지 남아 있었던 것은 결혼식을 할 때 신부들이 쪽염색 이불을 혼수품으로 가져가는 풍습이 늦게까지 남아 있는 것과 관련이 많다. 신부가 쪽 이불을 혼수품으로 가져가는 풍습은 중국 저장성 원저우에도 늦게까지 남아 있어 쪽 문화 보존에 도움이 된 사례가 있다. 그러나 나주에서 쪽염색의 이용 문화 또한 1950년 한국전쟁을 기점으로 위축되어 1960년대 이후에는 급격하게 쇠퇴하였다.

나주의 쪽염색 시기와 방법

신선한 쪽을 이용한 염색(생쪽 염색)은 쪽이 생육하는 시기로 한정된다. 반면에 니람(泥藍)을 만들어 둘 경우, 쪽물의 발효환경 조건만 맞으면 언제든지 발효시켜 염색할 수 있으므로 염색 시기는 제한을 받지 않았다.

근대에는 자가용(自家用)이나 수량씩 염색했던 곳에서는 주로 여름이나 초가을에 염색하였다. 하지만 쪽을 대량생산하여 염색했던 곳에서는 여름에 니람을 만들어 놓고, 가을에서 겨울에 걸쳐 염색을 한 곳이 많았다. 늦가을에서 겨울철에 쪽염색을 했던 이유는 과거에는 농사일이 많아 겨울철에 결혼식이 많았고, 그에 따라 수요가 겨울철에 많이 발생했기 때문이다.

그런데 겨울철에 쪽염색을 하기란 쉽지가 않다. 환원성 염료인 쪽 염료는 니람과 잿물을 적정 비율로 혼합하고, pH를 조정한 후 25℃ 이상을 유지해주어야 미생물의 활동에 의해 발효 환원이 진행되기 때문이다. 겨울에는 저온으로 발효 환원이 어렵기 때문에 염액이 담긴 항아리를 방에다 두고 아궁이에 장작불을 지펴서 쪽 염액을 발효 환원시켜서 이용했다. 이것은 다른 나라에서 찾아보기 힘든 것인데, 나주에서 일반적으로 행해진 방법이었다.

쪽 염액이 발효 환원되면 발효쪽(염액)이 담긴 항아리에 천을 직접 넣거나 발효 염액을 소래(낮은 항아리)에 옮겨서 염색에 이용했다.[98] 염색방법은 "쪽물과 잿물이 따로따로 구름처럼 일어나면 모시, 무명 또는 삼베 등 염색하고자 하는 포목류를 이 물에 담근다. 약 20분이 지난 후 꺼내어 볕과 바람에 말린다. 말린 다음에 또 담그고 하기를 20번 정도 했다. 처음에는 시퍼렇다가 차츰 거무스름해지고, 그 횟수가 거듭될수록 검붉은 빛깔로 물들어 간다."[99]

이외에 신선한 쪽을 수확하여 착즙한 염색법, 신선한 쪽 줄기를 절단한 다음 따뜻한 물에서 색소를 추출하고 염색한 방법, 쪽을 추출한 다음 석회를 넣고 휘저어 섞어 인독실(indoxyl)을 산화시키는 과정에 염색한 경우도 있었다. 이것은 주로 전문적으로 염색을 했던 곳이 아니거나 간단하게 염색할 때 행했던 방법으로 추정된다.

---

98. 한○수(1927년생). 2009. 9. 5. 나주시 영산동 산정리 가마태마을 자택에서 인터뷰.
99. 예용해. 1969. 한국민속종합조사보고서 : 제4편 산업기술. 문화공보부 문화재관리국.

한편, 쪽 식물을 물에 담가 추출하면 인디칸이라는 물질이 추출되어 인독실로 가수분해되고, 이것은 산화되어 인디고로 된다. 니람 상태의 인디고를 환원시켜서 염색하는 것을 온물법이라 하며, 쪽 식물을 물에 담갔다가 꺼낸 후 그 물에 잿물을 넣어 환원시켜서 염색하는 방법을 반물법이라고도 한다.

나주에서는 온물법뿐만 아니라 신선한 쪽 식물을 물에 담갔다가 꺼낸 후 다시 신선한 쪽 식물을 담갔다가 꺼내기를 3번 정도 반복한 다음에 그 물에 잿물을 넣어 환원시킨 염액에 염색하는 방법도 행해졌다.[100]

나주의 쪽염료 가격과 판매처

쪽이 완전한 염료가 되기 위해서는 발효(환원)된 액(쪽물) 상태가 되어야 한다. 환원액이라는 것은 미생물이 번식하면서 산소를 통해 쪽이 환원 상태가 된 것이다.

흔히들 쪽물을 구입해서 집에 가져가 염색하면 되는 것으로 알고 있으나 액체 상태를 옮기면 옮기는 과정에서 공기와 접촉하게 되고, 이것은 산화가 되어 불용성이 되기 쉽다. 그러므로 사실상 발효

---

100. 허북구. 2011. 근대 나주의 쪽 문화와 쪽물 염색. 퍼프플랜.

시켜 놓은 염액(쪽물)을 구입하여 이용하기에는 부적합하다. 그러므로 쪽염료의 유통은 대부분 니람 상태로 유통되었다고 보는 것이 타당하며, 실제로 그러한 증언들이 많다.

니람의 유통 단위는 젓갈 통이었다. 젓갈 통은 크기가 다양한데, 니람을 담은 후 새끼 등으로 끈을 만들어 들고 다니기도 하였다. 니람은 주걱으로 젓갈 통에 고봉으로 담은 후 가격이 매겨지고, 거래가 이루어졌다.

"전라남도의 영산강 일대에는 후손들이 쪽물염색의 맥을 잇고 있다. 1900년대 쪽물의 원료로 사용한 쪽 앙금은 새우젓 단지(지름 약 20cm, 높이 25cm) 하나에 쌀 1가마와 맞바꿔 거래하기도 하였다"[101]라는 책 내용이 있다. 실제로 1940년대에 영산포 일대의 가정에서 니람을 만들고 판매를 하였던 분과의 아래 인터뷰 내용에서도 니람이 고가로 거래되었음을 알 수 있었다.

"니람을 만든 다음에는 멸치통(젓갈병)에 고봉으로 담아서 팔았습니다. 가격은 멸치젓갈통 하나에 1원 50전 정도 하였습니다. 당시 (1940년경) 소학교(초등학교) 1~4학년까지 1년치 학비는 60전, 5~6학년의 1년치 학비는 85전이었습니다. 쌀은 1가마니에 1원 60전 정도 하였습니다. 당시 니람이 비싸다 보니 전당포 같은 곳에 니람을 맡겨 놓고 돈을 빌리기도 하였습니다. 또 쪽 농사를 짓는 사람들은 니

---

101. 이종남. 2004. 우리가 알아야 할 천연염색. 현암사 p.97.

람을 만들기 전에 사채업자들에게 돈을 빌리고 나서, 니람을 만들어 판매한 후 돈을 갚기도 하였습니다."[102]

"쪽은 비싸므로 아편쟁이[103]들이 자주 도둑질을 해갔는데, 쪽이 넘쳐 옷에 표시가 되어 쉽게 발각되었다."[104]

쪽염료의 판매는 당시 활발하게 이루어졌던 것으로 보인다. 다음의 제보들을 통해 그 사실을 미루어 짐작해볼 수 있다.

"니람을 만들어 놓으면 늦여름이나 초가을에 많이 사러 왔다. 생활비가 우선적으로 급하기 때문에 만든 즉시 판매하였다."[105]

"니람을 만들어 놓으면 중간 상인들이 보러 다니면서 좋은 것은 가격을 더 주었고 초가을에 잘 팔렸다. 안 좋은 것은 싸게 가져가거나 가져가지 않으면 집에서 발효를 시켜서 염색에 이용하였는데, 대부분이 팔렸다. 그 당시 생각나는 사람으로는 영광에서 온 여자분인데 좋은 니람이 있으면 전부 사서 가져갔다."[106]

주로 남자 상인들이 집집마다 돌아다니면서 수집을 하였다.[107] 판매 장소는 할머니들이 니람을 갖고 시장에서 판매하기도 하였으나 주로 수집상들이 돌아다니면서 수집을 한 다음 다시 판매하였다고

<hr>

102. 한○수(1927년생). 2009. 9. 5. 나주시 영산동 산정리 가마태마을 자택에서 인터뷰.
103. 1940년대 말에서 1950년대 초에는 강가에 대마를 재배하였는데, 이것을 대마초로 이용하는 사람들이 더러 있었다고 한다.
104. 이○종(1935년생). 2009. 4. 19. 나주시 다시면 가흥리 삼봉마을에서 인터뷰.
105. 김○동(1931년생). 2009. 9. 6. 나주시 공산면 신곡리 나주영상테마파크에서 인터뷰.
106. 한○수(1927년생). 2009. 9. 5. 나주시 영산동 산정리 가마태마을 자택에서 인터뷰.
107. 김○동(1931년생). 2009. 9. 6. 나주시 공산면 신곡리 나주영상테마파크에서 인터뷰.

한다.

《나주시지(羅州市誌)》에는 영산포 영산동 소개 편에서 "1940년대에 쪽물을 부업으로 하여 도로변에 큰 항아리가 늘어서 있었고, 고창·순창 상인들이 직접 사갔다"[108]고 서술해 놓았는데, 도로변의 항아리들은 쪽을 추출하는데 쓰였던 것들이었고, 구매는 니람을 만드는 집을 방문했거나 물방을 통해 구입해 갔다.

쪽염색 직물의 거래와 염색 비용

"쪽물염색을 하는 가정에서 태어나신 아버님은 청년 시절에 쪽물 염색한 천을 지게에 지고 함평군 손불장 등에 다니면서 팔았다고 하셨어요."

고 윤병운 염색장의 며느리인 최○자 씨[109]의 증언을 참고해 보면 쪽물염색한 천들을 시장에 갖고 가 팔았음을 알 수 있다.

"1940년대 말로 기억되는데, 사람들이 천을 가져와서 염색해달라고 맡겨 놓고 갔어요. 그러면 어머니께서 염색해 놓았고, 주문을 한 사람들이 찾아갔었는데, 일이 밀릴 정도로 주문이 많았습니다. 이웃의 3~4집도 염색을 하였는데, 주문량이 많아 제때에 해주지 못했습

108. 나주시지편찬위원회. 2006. 나주시지 4 : 읍면동 형성과 변천. 나주시지편찬위원회 p.1343.
109. 최○자(1969년생). 2011. 9. 21. 나주시 문평면 북동리 명하마을 자택에서 인터뷰.

니다. 어떤 사람들은 주문한 해에 염색하지 못하고 다음 해에 찾아
가기도 하였습니다."[110]

"1940년대에 다시면 서창마을에 쪽물염색을 의뢰하였는데, 천을
맡겨 놓고 보름쯤 후에 찾아왔습니다."[111]

"어머니와 함께 다시면 가흥리 용흥마을에 쪽물염색을 의뢰한 다
음 1주일 후에 찾아왔습니다."[112]

쪽물염색은 이처럼 시장에 내다 팔기 위해 염색하거나 주문에 내
응하기 위해 염색을 하였다. 그런데 여러 제보를 감안할 때 1940년
대와 1950년대에는 주로 쪽물염색한 천을 시장에 내다 팔기보다는
대부분 주문에 의해 염색이 이루어졌던 것으로 보인다.

그 당시는 집에서 사용할 면직물을 직접 직조한 가정이 많았다는
점, 주로 경제적으로 여유가 있는 집안에서 좋은 천을 이용하였기
때문에 염색된 천을 구입하지 않고, 갖고 있는 천에다 쪽물염색을
의뢰하였던 것으로 생각된다. 쪽염색을 의뢰할 때는 주문하는 측에
서 정련까지 한 다음 염색을 의뢰하는 경우가 대부분이었다.

근대 염색 중에서 인기가 있었던 것은 조달이리고 부르는 물감(합
성염료)이었다. 염색을 하지 않은 옷들은 때가 쉽게 타고 그만큼 자
주 세탁해야 했다. 그런데 조달이라고 부르는 합성염료를 이용한

---

110. 김○님(1936년생). 2010. 9. 11. 나주시 세지면 교산리 자택에서 인터뷰.
111. 최○보(1929년생). 2009. 4. 29. 나주시 한국천연염색박물관에서 인터뷰.
112. 임○초(1936년생). 2011. 9. 24. 나주시 다시면 백동리 운봉마을에서 인터뷰.

염색은 검정색으로 물을 들였기 때문에 어지간해서는 때가 타도 눈에 쉽게 띄지 않았다. 조달이라는 화학염색은 이처럼 좋았지만 비용이 비쌌다. 그런데 조달이라고 부르는 이 화학염색보다 더 비싼 것이 쪽물염색이었다.

나주시 다시면 동당리 청림마을에 거주하는 최ㅇ보 씨[113]는 1940년대 중반에 여동생의 결혼 때 줄 쪽물이불 원단(무명)을 다시면 서창마을의 염색가에게 의뢰하였는데, 비용은 무명 1필을 염색하는 데 쌀 1말 정도의 가격을 지불했던 것으로 기억하고 있었다.

해남군 산이면 노송리 출신인 김ㅇ순 씨[114]는 "당시에 쪽물염색 비용은 굉장히 비싼 편이었다. 친정어머니는 1947년경에 다른 마을(산이면 백동리)에서 농지기용의 이불에 사용할 쪽물염색을 해왔는데 무명베 1가래(20자)를 쪽물염색하려면 무명베 1가래[115]를 염색 비용으로 주었다"라고 했다.

'1950년까지도 나주 지역에서는 쪽물염색이 활발하였다고 하며, 염색 비용은 1자에 5원 정도씩 받고 염색을 해주었다'[116]라는 보고도 있다.

한편, 1427년 2월 19일에 기록된《세종실록》〈권35〉에 의하면 사간원에서 임금에게 "자색(紫色)의 값이 1필, 염색하는 데 값이 또 1필

---

113. 최ㅇ보(1929년생). 2009. 4. 29. 나주시 한국천연염색박물관에서 인터뷰.
114. 김ㅇ순(1932년생). 2016. 10. 23. 해남군 계곡면 강절리 경로당에서 인터뷰.
115. 1필은 40자인데 해남군 산이면 노송리에서는 2가래라고 했다.
116. 김지희·박성실·이양성. 2000. 국가중요무형문화재 신규발굴종목 보고서. 문화재청.

이나 듭니다"라며 사치를 금단시켜야 한다고 상소한 내용이 있다.
따라서 무명베 20자에 대해 쪽물염색을 의뢰할 때 염색 비용으로
20자의 무명베를 지불하였던 것은 매우 비쌌다고 할 수 있다.

국가무형문화재로 지정된 쪽염색

나주의 쪽염료 제조와 염색문화는 1960년대 이후 급격하게 쇠퇴
하였으며, 1970년대에는 과거 쪽염색을 전업으로 했던 나주시 영산
동 산정리 가마태마을, 문평면 북동리 명하마을과 지산마을 일대,
다시면 서창마을을 중심으로 용흥마을, 후석마을, 동산마을, 삼봉마
을, 정가태마을 중 문평면 명하마을의 윤병운 장인과 다시면 정가
태마을의 정관채 장인만이 쪽염색을 하게 되었다.

정부는 2001년에 두 장인의 쪽염색장(藍染色匠) 기능을 인정해 나
주쪽염색을 중요무형문화재 제115호 염색장으로 지정한 것과 함께
두 장인을 기능보유자로 지정했다. 현제, 나주시 다시면 기흥리 정
가태(정가)마을에는 정관채 염색장 전수관이 있고, 나주시 문평면 북
동리 명하마을에는 윤병운 염색장 전수관(그림 7-8)이 각각 건립되
어 옛 쪽 문화를 전승, 보급하고 있다.

그림 7-8. 나주시 윤병운 염색장 전수관에 있는 명하마을 윤대중 장인이 쪽염색한 직물

6
황토염색

한국에서 안료의 역사는 6세기부터 찾아볼 수 있다. 고구려 때의 고분 벽화에 주사(侏砂)와 그을음, 황토 등의 흙 안료가 사용되었다. 조선 세종 때에는 염색법이 간편하고 세탁이 편리하여 사대부의 옷에 많이 사용되다가 미적으로 광채가 나지 않아 감다갈색, 압두녹(鴨頭綠), 초록과 통용해서 입었다.

조선 중기 때 쓰여진 《송와잡설(松窩雜說)》에는 "조종조(祖宗朝)의 사대부 복색 중 토홍을 상색(上色)으로 삼았는데, 대개 붉은 흙을 가라앉혀 그 찌꺼기는 걸러 내고 말끔하게 달여서 아교를 섞으니 그 색이 난연(爛然)하였다. 나라의 풍속에 토홍직령(土紅直領)이라 함이 그것이다"라는 내용이 있다.

유물로는 조선 세조 때인 1458년에 건립된 흑석사 '목조아미타불 좌상'에서 나온 황토염색 직물이 있다. 황토염색법은 《임원경제지(林園經濟志)》에 토홍색과 상아색을 물들이는 방법으로 소개하고 있는데, 토홍색은 붉은 흙, 상아색은 황토로 염색한 것이다.

근대 전남에서 황토염색을 했던 곳으로는 무안군 일로읍 지장리, 나주시 문평면 입석리, 영광군 불갑면 용산리 등지에서 나타났다. 무안군 일로읍 지장리에서 황토염색했던 것은 이○란 씨[117]가 제보해주었다.

이○란 씨에 의하면 친정어머니가 집에서 짠 명베를 황토에 넣고 주물러서 염색과 건조를 반복한 후 저고리를 만들어주었다고 했다. 당시 11세 전후였던 것으로 생각되는데 치마는 쪽염색 치마를 입었고, 저고리는 황토염색한 것을 입었다고 하였다.

나주시 문평면 입석마을에서 황토염색이 이루어졌다는 것은 이○순 씨[118]가 제보해주었다. 이○순 씨는 현재 살고 있는 나주시 문평면 입석마을에 17세 때 시집을 왔다고 했다. 시집온 다음해쯤 남자들이 호박 색깔 같은 명베 옷을 위아래로 입었는데, 황토로 염색한 것이라고 했다. 당시에 여자들이 황토염색한 옷을 입은 사람은 없었다고 했다.

영광군 불갑면 용산리에서 황토염색이 이루어졌다는 것은 강○자 씨[119]가 제보해주었다. 강○자 씨는 어릴 때 황토를 파서 염색한 사람들을 보았는데, 구체적인 것은 기억나지 않는다고 했다.

---

117. 이○란(1937년생). 2016. 10. 23. 무안군 일로읍 도산마을 노인정에서 인터뷰.
118. 이○순(1931년생). 2016. 10. 30. 나주시 문평면 대도리 입석마을 자택에서 인터뷰.
119. 강○자(1942년생). 2016. 10. 30. 영광군 불갑면 용산리 경로당에서 인터뷰.

근대 전남에서 황토염색을 하였거나 황토염색 모습을 본 사람은 거의 없었다. 다만, 11세 전후쯤에 친정인 무안군 일로읍 지장리 3구에서 어머니가 황토염색하는 것을 보았다는 이○란 씨[120]의 제보에 의하면 당시의 황토염색법도 현재의 방법과 유사했던 것으로 보인다.

이○란 씨에 의하면 "친정어머니가 수비한 황토에 물을 붓고, 집에서 짠 명베를 황토에 넣고 주물러서 염색했다. 또 염색한 것은 건조하고 다시 염색하는 등 몇 번 반복한 뒤에 물에 씻어 건조 보관했다"라고 했다.

전남 무안군 일로읍 지장리 이○란[121] 씨의 집에서 1940년대 말에 했던 황토염색은 황토의 채취와 수비과정, 그리고 염색과 반복염색 등 오늘날의 염색 방법들과 비슷한 점들이 많았다.

황토염색물의 이용은 이○란 씨[122]에 따르면 11세 전후쯤 "친정어머니가 저고리에 황토염색을 해주어서 쪽염색한 치마와 함께 입고 다녔다. 그 당시 다른 친구들은 검정 물감으로 물들인 검정치마와 하얀 저고리를 입고 다녔다"라고 했다.

나주시 문평면 입석마을에 거주하는 이○순 씨[123]는 "17세 때 현재의 마을로 시집을 왔다. 시집온 다음해쯤 동네 남자들이 명베로

---

120. 이○란(1937년생). 2016. 10. 23. 무안군 일로읍 도산마을 노인정에서 인터뷰.
121. 이○란(1937년생). 2016. 10. 23. 무안군 일로읍 도산마을 노인정에서 인터뷰.
122. 이○란(1937년생). 2016. 10. 23. 무안군 일로읍 도산마을 노인정에서 인터뷰.
123. 이○순(1931년생). 2016. 10. 30. 나주시 문평면 대도리 입석마을 자택에서 인터뷰.

황토염색한 호박색의 옷을 위아래로 입은 것을 보았는데, 여자들은
입지 않았다"라고 하였다. 이처럼 황토염색물은 1940년대에 옷에
이용된 것으로 나타났다.

8장

완초와 인초공예

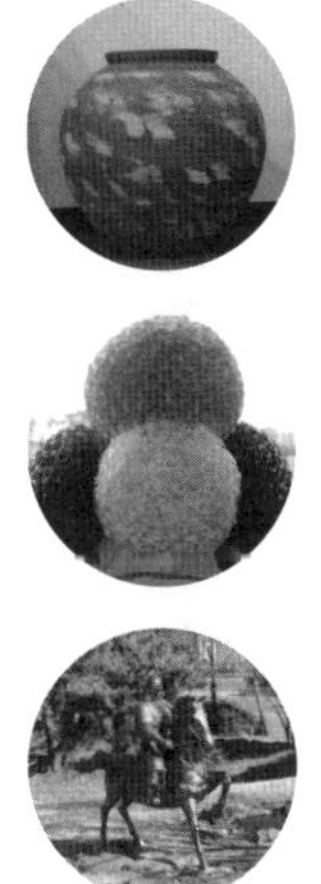

1
왕골과 골풀

왕골과 완초

왕골은 사초과에 속하는 식물로 왕굴, 완초(莞草)라고도 하며, 학명은 *Cyperus exaltatus var. iwasakii*이다. 열대지방에서는 숙근성(宿根性)이나 온대지방에서는 1년생 내지 2년생 초본식물이다. 한국, 중국, 말레이시아, 호주에 분포하며, 원래부터 물기를 좋아하기 때문에 습지에서 잘 자란다.

줄기는 60~200cm까지 자라며, 단면은 3각형이다. 줄기 속은 내용물이 없는 무색 세포로 되어 있으며, 사이사이에 큰 공간이 있으므로 줄기 전체에 탄력이 있다. 재배되고 있는 품종은 강화종, 금능종, 안동종, 함평조생종, 함평만생종, 영암종, 수원종, 선산종 등 재래종이 있다.

왕골을 대량으로 재배하기 시작한 것은 1909년 대구에 대자리를 만드는 제연(製筵)회사가 창립된 뒤부터이며, 1964년에는 2,770ha 에서 2,700톤의 건조 줄기를 생산하였다. 이후 생산량이 점차 줄어 1975년에는 695ha에서 약 1,600톤을 생산하였으나 지금은 상업적 인 재배가 거의 이루어지지 않고 있다.

왕골의 용도는 주로 쪼갠 줄기를 건조하여 자리, 방석, 모자 등을 만들고, 속은 건조하여 신, 바구니, 노끈 등을 만드는 데 사용해 왔 으며, 잎은 제지 원료로 사용되었다. 우리나라에서 왕골은 특유의 공예 식물로 삼국 시대 때부터 사용된 것으로 알려졌으나 언제부터 재배되기 시작하였는지는 불분명하다.

강화도의 화문석은 민속공예품으로 유명하며, 전남에서는 과거에 나주군 삼도면(현재 광주시 광산구 삼도동)과 함평군 나산면에서 왕골을 많이 재배해 돗자리 제작에 이용했다. 함평에서는 지금도 왕골 돗 자리의 제작 전통은 이어지고 있으나 나주에서는 1980년대까지 활 용되다가 그 이후에는 전통이 끊겼다.

한편, 일본에서 왕골은 습지에 드물게 자라는데, 이것은 철새에 의해 초래된 귀화 식물로 여겨지고 있다. 제2차 세계대전 시기에 홋 카이도와 도호쿠 지방에서 돗자리 재료로 재배되기도 하였으나 전 통적인 제직 식물은 아니다.

골풀과 인초

나주에서는 과거에 인초(藺草, 골풀)가 다양하게 이용되었다(그림 8-1). 인초를 이용한 돗자리 공장도 많았는데, 동신인초 공장 등 공장의 이름에도 인초가 많이 사용되고, 인초에 관계되는 일을 했던 분들도 많았다. 그런 연유로 고령자분들 중에는 인초에 대해서는 잘 알고 있는 분들이 많다. 그러니 골풀에 대해 여쭤보면 골풀이 어떤 것인지조차 모르는 분들이 많다. 인초와 골풀은 같은 식물인데도 골풀의 한자 이름인 인초로 불려 왔기 때문에 그렇다.

골풀의 이름 유래에 관해서는 몇 가지 설이 있다. 첫째는 '골 + 풀'로 '골짜기에서 나는 풀'이라는 의미에서 유래되었다는 설이다. 우리나라 식물명에 골짜기란 의미의 '골' 자가 들어간 것은 1940년대 후반에 일본식 식물 이름의 영향을 받은 것들이 대부분이다.

그림 8-1. 나주에서 수확한 인초를 건조하는 모습 (사진 제공 : 윤여정)

둘째는 조선 세종 때인 1433년에 간행된 향약에 관한 의약서인 《향약집성방(鄕藥集成方)》 '고을심(古乙心)'이라는 이름에서 유래를 찾을 수 있다. 《향약집성방》에서는 골풀의 등심초(燈心草)라는 한자명을 차자(借字)하여 고을심(古乙心)이란 향명(鄕名)으로 기록되고 있다.

셋째는 조선 숙종 때 실학자 홍만선(洪萬選)이 엮은 농서 겸 가정 생활서인 《산림경제(山林經濟)》에 고을(골, 古乙)과 심(心)은 '고을(골)의 속(안쪽)'을 의미하는 '골속'으로 나타나 있는 데서 유래를 찾을 수 있다. '골속'이란 이 풀의 줄기 껍질을 제거했을 때 드러나는 줄기 속을 말한다. 골풀의 줄기 속은 수수깡 속처럼 푹신푹신한 촉감의 것으로 되어 있는데, 골풀에서 골은 골풀의 줄기가 유래로 작용된 것이다.

골풀의 다른 이름인 등심초와 정심초(灯心草)라는 한자명은 골풀의 줄기를 말린 후 기름에 담갔다가 등잔불의 심지로 사용했던 것에서 유래된 것으로 중국과 일본에서도 그러한 전통이 있다. 이외에 수등심(水燈心), 벽옥초(碧玉草), 호수초(虎鬚草), 노호수(老虎鬚), 적수(赤鬚), 등초(燈草)라는 이름도 있다.

중국과 일본에서는 인초 또는 등심초로 불린다. 나주 등지에서 골풀을 인초라고 불렀던 것은 일본인의 영향 때문이었다.

골풀과 왕골의 용도

신라 시대에 화문석 생산을 담당하였던 석전(席典)이라는 관청이 있었다. 그 기록으로 보아 우리나라에서는 이미 오래전부터 대자리를 만들고 이용하는 문화가 있었으며, 재료는 골풀과 왕골이 사용된 것으로 추정되고 있다.

고려 시대의 돗자리는 유명해 송나라에서는 값이 비싸 구하기 어려웠던 것으로 알려져 있다. 고려 돗자리는 뻣뻣한 중국 돗자리에 비해 부드러워서 접어도 상하지 않는 것이 장점이었다. 특히 골풀로 만든 용수석(龍鬚席), 등나무 줄기로 만든 등석(藤席), 꽃무늬를 넣은 채화석(彩畵席)이 고급품으로 인기가 있었다고 하므로 골풀은 고려 시대에 인기 있는 돗자리의 재료로 사용되었음을 알 수 있다.

돗자리 이용 문화는 신라, 고려 및 조선 시대를 거쳐 현대에 이르기까지 그 전통이 이어져 왔으며, 문헌에도 기록되어 있다.《해동농서(海東農書)》에는 "자주 등심(골풀)을 잘라 엮어 저장하면 마르지 않는다"라고 하였으며 "등심초(골속)는 자리를 짠 때에 쪼개서 그 속을 채취하여 먹는다"라는 내용이 있다.

《농정회요(農政會要)》에는 "등심초는 일명 호수초, 벽옥초로서 마지(馬志)는 이르기를 강남의 습한 지역에서 나며 떨기로 자란다. 줄기는 둥글고 가늘며 길고 곧아서 사람들은 돗자리를 짠다. 속대를 꺼내 등의 심지로 쓰거나 풀로 돗자리나 도롱이를 짠다"[124]라는 내용이 있다.

왕골에 대해 《농정회요》에서는 석초(蓆草), 완고새, 일명 능완(棱莞)이라 하며, 《농정전서(農政全書)》에는 "소서(小暑)가 지난 뒤에 베기 시작하여 자리를 짜는 것을 준비한다. 묵은 뿌리를 밭에 남겨 두었다가 흙을 북돋아 배양해 주면 싹이 돋는다. 9월에 김매준 뒤에 묵은 뿌리를 갈라 싹을 약간 따내고 나누어 벼 모내기하듯이 옮겨 심는다"[125]라는 내용이 있다.

왕골은 완초라고 한다. 왕골 공예품을 만드는 장인을 완초장(莞草匠)이라고 부르는데, 국가무형문화재 제103호로 지정되어 있다.

이러한 기록에서처럼 우리나라에서는 예로부터 골풀과 왕골을 대자리, 바구니 등 공예품에 사용한 데 비해 일본이나 대만에서는 골풀이 주로 공예품에 사용되었다.

〈조선일보〉 1939년 6월 4일 '대용품 쓰지 않는 하절 풍물 가지가지'라는 기사에는 "조선 돗자리는 왕골을 가늘게 쪼개서 만드는 것인데 역시 조선 물산으로 가장 유명한 것입니다. 이것 역시 전라도 임피(臨陂, 현재의 군산)에서 나온 것인데 이 돗자리는 중국 부호들이 많이 사갑니다. 요즘에도 5님가량 가져갔습니다. 가격은 최고 6원가량이고 이외에 특별히 마치는 특제품은 몇백 원 짜리도 있습니다"라는 내용이 있다.

---

124. 구자옥. 2013. 고농서의 현대적 활용을 위한 온고이지신. 농촌진흥청.
125. 구자옥. 2013. 고농서의 현대적 활용을 위한 온고이지신. 농촌진흥청.

2
나주의 골풀과 왕골공예

왕골과 화문석 명산지, 나주

나주는 한때 돗자리 명산지였다. 나주에서 돗자리 생산이 성행했던 1972년에는 한 해 동안 생산된 돗자리만 해도 1백만 장으로 국내 생산량의 90% 이상을 차지한 최대 돗자리 생산지였다.

나주와 돗자리의 인연은 고려 시대 이전까지 거슬러 올라간다. 《고려사》〈권88, '열전1' '후비1' 장화왕후 오씨〉에는 돗자리와 관련하여 다음과 같은 유명한 일화가 나온다.

"태조(太祖)가 수군장군(水軍將軍)으로 나주에 출진하여 배를 정박시키고 시냇물 위를 바라보니 오색구름이 서려 있었다. 그곳(그림 8-2)으로 가보니 왕후가 빨래를 하고 있었는데 태조가 그녀를 불러 잠자리를 같이하였다.

그러나 (태조는) 왕후의 가문이 미천한 탓에 임신시키지 않으려고 돗자리에 사정하였는데, 왕후가 즉시 이를 자신의 몸에 집어넣어 마침내 임신하고 아들을 낳으니 그가 바로 혜종(惠宗)이다. 혜종은 얼굴에 돗자리 무늬가 새겨져 있었는데 세상 사람들은 혜종을 '주름살 임금'이라 불렀다."

10세기 초의 이 기록으로부터 나주에서 나는 돗자리(草席)가 왕의 얼굴에 골을 지게 했다고 해서 '왕골(王骨) 돗자리'라 하게 되었다는 설화가 있다.

나주의 돗자리는《조선왕조실록》〈성종 25년 갑인(1494년) 9월 13일(무술)〉에도 등장한다.《조선왕조실록》에는 "김자원(金子猿)은 석장(席匠)의 아들로서 지위가 당상(堂上)에 이르렀는데, 일가붙이를 돌보지 않고 여러모로 경영하고 구하여 그 나주성 안팎의 집은 모두 본주(本州)에서 지었습니다"라는 대목이 있다.

김자원은 연산군 때 내시로 왕명 출납을 맡은 승전색이었다. 왕의 개인 비서실장으로 폭군의 최측근이었다. 국사편찬위원회에서 '중종반정과 기묘사화'에 관하여 다룬 기록을 살펴보면, "연산군이 사치와 방탕만을 일삼는 동안 국가 정사는 오로지 내시 김자원에게 맡겨져 있었다"라는 내용이 있다.

내시로 권세를 누렸던 김자원은 나주 석장의 아들로 태어났다. 석장은 돗자리를 짜는 장인으로《경국대전》에 의하면 당시 지방관청에 속해 있는 석장이 충청도와 전라도에 각각 58명, 경상도에 271명, 모두 387명이었다고 한다. 김자원이 나주에 사는 석장의 아들이었으므로 조선 시대에 나주에는 돗자리를 짜는 석장이 있었음을 알수 있다.

나주는 고려 혜종의 탄생 설화에서처럼 왕골 돗자리의 유래 근원지이며, 1900년대 초부터는 나주 영산포가 전국 최대 돗자리 산지로 명성이 드높았다. 나주 영산포에는 1924년에 인초돗자리조합과영산포인초생산조합이 설립되어 주요 소득원으로 자리 잡았다. 나주의 화문석은 이처럼 왕골 돗자리의 유래와 함께 나주의 소중한역사문화자원이다.

그림 8-2. 왕건과 장화왕후 오씨가 만났던 이야기기 전헤오는 니주 원사친

일본인의 나주 영산포 유입과 인초공예

나주 영산포는 1900년대 초부터 전국 최대 돗자리 생산지로 자리

매김했다. 1902년부터 일본인들이 진출한 영산포에서는 기존의 돗자리 직조문화에 일본인들의 다다미(疊表) 수요가 증가하면서 돗자리 직조가 새로운 소득 작목으로 부각되었다.

〈조선일보〉 1917년 8월 25일 '영산포 부근에 이민 525호'라는 기사에는 "인초를 심고 다다미를 짜는 것은 연간 3,400원의 혜택을 차지하고 있는데 이민 총수 약 40%는 유리한 부업에 종사하고 있다"라는 내용이 있다.

1924년 10월 31일의 〈조선일보〉에는 "1918년 9월 17일 전남 나주군 영산포에 설립한 조선승입주식회사(朝鮮繩叺株式會社)가 소개되어 있는데 설립 목적 중의 하나는 가마니, 돗자리와 다다미 제조 매매이다"라는 기사가 있다.

〈매일신보〉 1925년 6월 20일 '유망한 전남 돗자리 제조, 영산포가 현저히 발달'이라는 제목의 기사에는 "본도에 대한 돗자리 제조사업은 영산포에서 유일한 발달을 보게 되어 작년 10월에 인초돗자리조합을 조직하여 일치단결의 책을 취하여 목하 위 업자가 일본인 25명과 조선인 75명으로 합계 100명에 달하여 대성황으로 제조에 진력 중인 바 1925년에 제조고는 8,500매에 가격은 9,000원에 달한지라…"라는 내용이 있다.

〈매일신보〉 1929년 10월 12일 '영산포 인초생산 상태 전도유망'이라는 기사에는 다음과 같은 내용도 있다.

"전남 나주군 영산포에서는 1907년경 일본 오카야마계(岡山系)의 개량 인초묘를 도입하여 재배, 장려하여 1924년에 영산포인초생산 조합을 창설하여 장족의 진보를 나타냈는데, 본 연도 성적은 재배 호수 조선인 81호, 일본인 32호 (중략) 제품 판매처는 도내 7,000매, 전북 정읍·김제·태인·이리·군산·전주 방면에 8,000매, 충북 380 매, 경기 5,000매 등 판로가 더욱 확대되는 중이요, 인초재배의 농가 경제 영향은 다대하여 양호한 자는 2단보 생산액 300원의 수입을 얻기 무난한 상태이더라.”

1930년 10월 22일 〈조선일보〉 '가정공예품 품평회수상자'라는 기사에는 전남영산포인연조합(全南榮山浦藺延祖合)의 돗자리가 포함되어 있다. 1946년 3월 25일 〈공업신문〉에는 “영산포에 돗자리제조회사(기공 2명)가 신설되어 곧 업무에 착수한다”라는 기사가 있다.

위와 같이 나주는 일제 강점기에 영산포를 중심으로 골풀의 재배 와 돗자리 제조가 활발하게 이루어졌으며, 국내 대표 산지였다.

국내 최대 골풀 공예촌이었던 나주 영산포

골풀과 왕골은 플라스틱 제품이 나오기 전까지 우리 생활에 매우 요긴하게 사용되었던 공예용 재료였다. 인초로 불렸던 골풀은 돗자리, 방석, 가방, 모자, 바구니, 신, 노끈 등 다양한 용도로 활용되었다. 역사적으로 골풀과 왕골의 산지였던 나주는 1900년대 초부터 일본인들이 늘어나면서 전통적인 기술과 일본인들의 골풀을 이용한 다다미 제조 문화가 결합되어 직조와 이용 문화가 빠르게 발전해 국내 최대 산지로 성장했다.

나주 영산포에서 팔순 정도 되는 어르신들에게 골풀 또는 왕골에 대해 질문을 드리면 여러 가지 이야기가 술술 나온다. 곳곳에 있었던 인초 공장, 골풀을 베고 건조했던 이야기, 돗자리, 골풀의 염색, 인초 공장에 근무했던 사람들, 돗자리 공장에서 일했던 이야기 등등 끝이 없을 정도다.

나주 영산포는 그만큼 골풀과 경제적, 문화적으로 밀접했던 때가 있었다. 1900년대 초부터 1980년대 중반까지 국내 최대 돗자리 산지이자 돗자리 제작에 사용되는 골풀의 산지가 나주 영산포였다.

나주에서 1960년대 말과 1970년대에 생산된 골풀로 제조한 화문석이 연간 100만 장 넘게 생산되었고, 이들 화문석은 수출 효자 상품이었다. 나주에서 골풀의 이용 문화는 직조기를 이용한 화문석 제작 외에 방석, 가방, 모자, 바구니 등 수공예 측면에서도 크게 발전했다.

당시 나주 영산포에서 돗자리는 수백 명이 근무했던 공장을 비롯해 주택가 곳곳에 있었던 가내 공장에서 생산이 되었으며, 생산된 것은 대부분 수출되었다. 돗자리를 짜는 데 사용되었던 재료는 당시 인초라 불렸던 골풀로 재배 농가만 해도 2,600호가 넘었다.

돗자리 제작이 나주 영산포 제일의 산업이 되자 일자리를 찾는 사람들이 몰려들었으며, 사람들이 모이자 지역산업이 활기를 띠었고, 관련 문화 또한 발전했다. 당시 돗자리를 짜고 나서 모양을 다듬는 과정에서 발생하는 부산물인 골풀을 땔감으로 사용하는 가정이 많았을 정도로 골풀은 풍부했고, 화문석(꽃자리)을 만드는 과정에서 직조와 염색기술은 주민들에게 널리 보급되었다.

돗자리에 사용되는 골풀의 재배, 수확 및 건조 노하우의 집적, 골풀의 손질, 염색 및 직조기술은 골풀의 공예품 문화를 발전시켰다.

"솜씨가 좋은 사람들은 인초를 다듬고 염색해서 색깔을 예쁘게 배열해 뚜껑이 있는 바구니를 짜곤 했는데 징하게 예뻤다. 그것을 영산포 시장에 내다 팔기도 했고 집안에서 사용하기도 했다. 어떤 사람들은 물건을 담는 꼴망태를 짜서 물건을 담는 용으로 쓰기도 했다."

그림 8-3. 인초를 염색해 놓은 모습(나주 영산포)

2021년 8월 6일 나주시 영산포(이창동) 백조 아파트 앞에서 만난 박○자(1940년생) 어르신의 제보 내용처럼 영산포에서 골풀은 돗자리용 외에 바구니, 모자, 부채 등의 공예품 제작에도 이용되었다.

나주 영산포는 이처럼 논에는 골풀을 재배하였고, 생산된 골풀은 건조·염색 등 가공이 되어 골풀공예의 풍부한 재료가 되었다. 돗자리를 짰던 곳(공장, 공방)은 주택가 곳곳에 있었으며, 돗자리 재료인 골풀로 바구니, 방석, 모자, 신발 등을 짰던 사람들이 있었기에 나주 영산포는 국내 최대이며 유일한 골풀공예촌이자 산업단지였다.

3
함평 왕골 돗자리

함평은 1911년에 각종 수공예 생산액 중 면직물은 68.5%인데 비해 돗자리(완연)의 생산은 1%에 불과했다. 1930년의 완석 생산은 18,575매로 1911년에 비해 무려 36배로 급증했다. 이때를 전후해서 함평은 완석을 비롯해 세석, 똬리, 일본 수출용의 다다미, 슬리퍼 등 다양한 완초 제품을 생산하였으며, 1940년에 완초공예품의 생산가구는 223가구였다.[126]

〈동아일보〉 1938년 10월 4일 기사 '운소용출옥녀봉하 호남 보고 나산평야'에서는 함평 나산이 완초제품 특산지로 소개되어 있다. 이 신문 기사에서는 "동부 나산(羅山), 월야, 해보 삼면은 연산 5만여 매를 세울 수 있으나 전부가 나산에서 매매되고 완초 등도 가까운 목포 및 대구, 경성 방면으로 다량 매매되어 나산의 발전상에 일대

---

126. 조승현. 2004. 광주·전남지역 재래공업의 지리학적 연구. 성신여자대학교 박사학위논문.

복음을 주고 있다"라는 내용이 있다.

〈동아일보〉 1981년 3월 12일 '새벽 성시 문장 돗자리 시장'이라는 기사에서는 함평의 돗자리가 1980년대까지 인기가 있었음을 보여 준다. 이 기사의 내용은 다음과 같다.

"전라남도 함평의 명물 완초 돗자리는 3일과 8일 닷새 간격으로 서는 문장(文場) 시장이 주요 거래 장소이다. 장날이면 함평 군내의 생산지인 해보(海寶), 월야(月也), 나산면 등에서 돗자리를 머리에 이 거나 지게에 걸머진 행렬이 날이 새기가 바쁘게 문장 시장으로 이 어진다.

이 돗자리를 사려고 인근 광주, 목포, 전주는 물론 멀리 서울과 부 산에서까지 전날 밤에 미리 상인들이 몰리기 때문에 새벽 4시 반만 되면 거래가 시작되고 6시경이면 성황을 이뤘다가 아침 7시만 되면 어김없이 돗자리 시장은 파장이 된다.

문장 시장에 하루 출하되는 돗자리는 평균 4천여 장으로 타지에 서 함평군에 쏟아지는 돗자리 값만 해도 한 달에 1억 2,000만여 원 이 된다. 그나마도 질이 좋은 물건은 6시 이전에만 손에 넣을 수 있다.

돗자리 종류는 10여 가지가 넘는다. 완초의 탈색이 잘돼 하얀빛 을 내는 것은 인피석으로 이곳의 대표적인 돗자리이다. 약간 푸르 스름한 빛을 띠는 것은 간석, 길이가 짧고 폭이 좁은 것은 석자다듬 이, 그리고 화려한 꽃무늬와 용틀임 무늬가 있는 것은 꽃석, 화문석이라 불린다. 최근 외국에까지 문장 돗자리가 수출돼 적으나마 외화 획득에도 기여하고 있다는 사실이 이곳 돗자리 생산자들의 자랑거리이다."

9장

지공예

1

지화공예

지화의 뜻과 유래

지화(紙花)는 종이로 만들어진 조화(造花)이다. 우리나라에서 지화가 사용된 역사는 매우 오래되었으며, 특히 조선 시대 초기 이후에는 사화(絲花) 대용으로서 지화가 궁궐에서도 연회상 장식, 몸 장식 등에 많이 사용되었다.

특히 사계절이 뚜렷한 우리나라에서 지화는 금화(金花) 및 사화에 비해 제작비용이 적게 들고 쉽게 만들 수 있으면서 장기 보존이 가능해 조선 시대 이후 궁궐, 불교, 무속, 상장례 등 다양한 용도로 이용되어 왔다(그림 9-1).

근대에 지화는 종교적 의례 이외에도 일반인들의 혼례, 회갑, 상여 등에서 그 쓰임이 매우 다양하다. 이러한 쓰임의 다양성 때문에 지화를 특정한 문화에 국한할 수는 없다. 그래서 무의 지화, 불교 지

그림 9–1. 근대에 사용된 지화 (출처 : 일제 강점기에 발행된 그림엽서)

화, 궁중 지화 등으로 불리고, 이러한 것을 통틀어서 한국 지화 문화라고 한다.

지화의 재료는 기본적으로 한지를 이용했는데, 색깔이 있는 지화는 합성염료가 나오기 전까지는 주로 천연염료로 염색을 해서 사용했다. 전남에서 근대에 사용된 지화에 관한 조사 자료를 찾기가 힘들다.

그러한 배경에서 전남 각지의 노인당, 절 주변의 마을에 방문하여 고령자들, 무속과 관계되는 분들을 대상으로 과거에 사용된 지화를 조사했고, 그 결과에서는 지화가 20여 종 미만인 것으로 조사되었다. 지화는 주로 농악과 꽃상여에 많이 사용되었다. 조사된 자료는 대부분 복원했으며(그림 9-2), 대만에서 전시회와 강의를 하였다(그림 9-3, 그림 9-4).

212

그림 9-2. 근대에 사용된 지화를 재현한 것

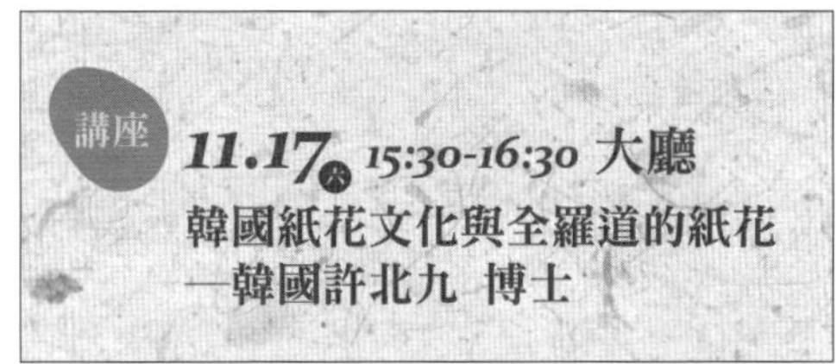

그림 9-3. 2018년 11월 17일 대만 타이중시에서 개최된 전남 지화에 관한 강의 안내 자료

그림 9-4. 2019년 대만 타이난에서 개최된 허북구의 한국 지화 전시회 포스터

전남에서 농악 고깔에 사용된 지화

농악대 고깔에 사용된 지화에 관한 연구는 거의 없다. 농악 복식에 관한 연구에서는 지화가 일부 소개되어 있다. 추은희 박사[127]는 "전라 좌도 농악과 우도 농악 고깔에 접시꽃이나 나팔꽃으로 불리는 꽃을 각각 5개씩 장식하였다"라고 했다.

또 "광산 농악은 전남의 서남 지역에만 전승되고 있는 특징적인 담배씨꽃 고깔을 쓴다"라고 했다. 그러므로 문헌에서 전남의 농악대 고깔에 사용된 지화는 접시꽃, 나팔꽃, 담배씨꽃이 있으나 지화의 형태나 특성에 대한 설명은 나와 있지 않아 이들 지화가 어떤 꽃을 지칭하는 것인지는 불분명하다.

그래서 전남 지역의 고령자분들을 대상으로 농악 고깔에 상용된 지화 이름을 조사한 결과, 지화 이름이 없는 것도 있고, 같은 꽃이라도 지역에 따라 다르게 불리는 등 대부분 통일된 이름이 없었다.

그런 가운데 농악대 고깔에 사용된 지화 이름은 모양에서 유래된 것이 제일 많았다. 대표적인 것은 담배꽃, 나팔꽃, 벌꽃 등이 있었는데, 담배꽃의 이름 유래에 대해서는 대부분 모르고 있었다.

나팔꽃은 해남군 옥천면 백호리의 박○주 씨[128]에 의하면 "나팔꽃은 꽃잎이 악기인 나팔의 모양이기 때문이다"라고 했다. 즉, 나팔

---

127. 추은희. 2004. 한국 농악 복식에 관한 연구. 전남대학교 박사학위논문.
128. 박○주(1926년생). 2019. 7. 14. 해남군 옥천면 백호리 노인회관에서 인터뷰.

꽃은 모양에서 유래된 것으로 식물인 나팔꽃의 모양을 닮은 것이 아니라 악기 나팔을 닮은 데서 유래되었다고 했다. 그런데 해남군 삼산면 용전리의 김○례 씨는 "나팔꽃은 꽃잎을 말아 놓은 것이 나팔 같다고 해서 붙여진 이름이다"라고 했다.

담배꽃이라 불리는 지화는 전남 지역의 농악대 고깔뿐만 아니라 꽃상여에도 사용되었다.[129] 전남 외의 지역에서는 거의 사용되지 않아 담배꽃이라는 이름도 찾아보기 힘들며,[130] 전남에서는 여러 지역에서 담배꽃으로 불린 만큼 이 꽃을 설명하기 위한 지칭으로 담배꽃이 적당했다.

벌꽃은 장흥군 관산읍 방촌리에서 사용된 이름인데 꽃이 벌렁벌렁 벌려진다고 해서 붙인 이름이다. 연꽃은 지역에 관계없이 꽃 모양이 연꽃 같다고 한 데서 붙여진 이름이었다.

지화에 사용된 종이는 창호지가 가장 많은 가운데, 반지, 화지, 습자지 등이 사용되었다. 창호지는 한지로 근대에 많이 사용된 이름이다. 전남에서는 위와 같이 농악 고깔에 다양한 지화가 사용된 전통이 있었다. 그중에서 많이 사용된 것은 담배꽃(그림 9-5), 모란꽃이었다(그림 9-6).

129. 허북구. 2019. 근대 전남의 꽃상여와 상여용 지화 문화. 세오와 이재.

130. 허북구 · 조자용 · 김영선. 2018. 한국 무속에 사용된 지화의 이름 유래에 관한 연구. 전남도립대학교 논문집.

그림 9-5. 전남에서 과거부터 농악대 고깔에 사용돼 온 지화

그림 9-6. 천연염색 한지를 이용해 과거 나주에서 사용된 농악 고깔을 재현한 것

전남에서 상여에 사용된 지화

죽음에 꽃이 사용된 문화는 동서양 모두 원시시대부터 존재한 것
으로 알려져 있다. 전남에서 지화는 근대에 와서 상여에 사용되었
음을 고령자들의 제보에서 나타났다. 꽃상여가 등장한 이후에는 상

여에 지화가 풍성하게 사용되었으나 꽃 이름이 없이 사용된 것들이 많았다. 이름이 있는 것들 또한 특정 지역에서 불리는 이름이었다.

장흥군 관산읍 방촌리에서 깐꽃이라고 불리는 것은 진도군 의신면 사상리에서 부채접기꽃으로 불리는 것과 같은 모양이었으며, 해남군 옥천면 용전리에서 나팔꽃이라 불리었던 것은 장흥군 관산읍 방촌리에서 담배꽃으로 불리는 꽃과 같은 모양이었다.

또 나주시 회진면 기운리에서 목단으로 불리는 꽃과 진도군 지산면 소포리에서 목단으로 불리는 꽃은 이름은 같아도 꽃 모양은 달랐다. 이처럼 꽃상여에 사용된 꽃은 통일된 이름의 꽃이 없었고, 각각의 모양에 따른 이름 대신 상여꽃, 상구꽃, 상애꽃, 생이꽃이라는 이름으로 많이 불리었다.

상여에 사용된 꽃에 특정의 이름이 부여되지 않았던 것은 꽃이 유통되지 않았던 것과 관련이 깊은 것으로 생각된다. 즉, 꽃을 사고 팔았다면 팔고 사는 사람 간에 의사소통을 위해 이름이 필요한데, 꽃상여에 사용되는 꽃들은 주로 꽃상여를 만드는 현장에서 만들어서 사용했기 때문인 것으로 생각된다. 꽃상여 전문점에서 유통되는 꽃도 명확한 이름이 없었는데, 이는 한 종류의 꽃만이 유통됨에 따라, 상여꽃이라는 명칭만으로도 의사소통하는 데 불편함이 없었기 때문이었던 것으로 생각된다.

한편, 진도군 지산면 소포리의 이○례 씨는 "1950년 이전으로 기억되는데 아버지는 죽은 사람에게 신기는 신발인 '신꽃'을 하얀 종

이로 만들었다"[131]라고 했다. 따라서 종이로 만든 신에도 꽃이라는

명칭이 사용되었음을 알 수 있다.

그림 9-7. 꽃상여에 사용된 지화

131. 이○례(1933년생). 2019. 1. 13. 진도군 지산면 소포리 노인당에서 인터뷰.

표 9-1. 전남에서 상여에 사용된 꽃의 이름과 유래에 대한 제보

명칭	내용	지역	제보자
깐꽃	종이를 부채 접듯이 접어서 가운데를 묶고 나서 깐다고 깐꽃이라고 한다.	장흥군 관산읍 방촌리	위○환
나팔꽃	꽃잎을 말아서 나팔처럼 만든 것이라고 나팔꽃이라고 했다.	해남군 삼산면 용전리	김○례
담배꽃	꽃잎을 말아서 만들어 놓은 꽃이 담배의 꽃 같다고 담배꽃이라고 했다.	장흥군 관산읍 방촌리	위○환
벌꽃	주름지게 만든 것이 벌집 같다고 벌꽃이라 했다.	장흥고 관산읍 방촌리	위○환
부채접기꽃	꽃을 만들 때 부채를 접듯이 접어서 만든다고 해서 부채접기꽃이라고 했다.	진도군 의신면 사상리	허○심
목단꽃	직사각형으로 자른 종이를 말고 주름을 주어 꽃잎을 만든 다음 모란꽃처럼 화려하게 만든 꽃이라고 해서 목단꽃이라 했다.	나주시 회진면 가운리	임○순
	한지를 원형으로 잘라 6등분한 후 꽃잎을 안쪽으로 말았던 꽃이다.	진도군 지산면 소포리	김○철
함박꽃	목단꽃을 함박꽃이라고도 했다.	진도군 지산면 소포리	이○례
	종이를 원형으로 자른 다음 도래에 가위질을 해서 만든 꽃이다.	영광군 백수읍 죽사리	김○주
	종이를 원형으로 자른 다음 도래에 가위질하고 몇 개를 포개어 가운데를 끈으로 고정한 꽃이다.	영광군 군남면 설매리	얏○님
	직사각형으로 자른 종이를 말고 주름을 주어 꽃잎을 만든 다음 화려하게 만든 꽃을 함박꽃이라 했다.	무안군 무안읍 성암리	조○순
상구꽃	상여에 사용된 꽃을 상구꽃이라 했다.	광양시 봉강면 지곡리	정○남

2

한지

광양시 지곡리와 장성 구사진혜현

광양시 봉강면 지곡리는 과거에 닥나무가 유난히도 많이 식재되어 있던 곳이다. 1970년대만 해도 아이들은 닥나무 껍질을 벗겨서 팽이채[132]에 끈으로 사용했다. 광양시 봉강면 지곡리처럼 지곡리라는 마을 이름은 전국에 9개가 있다.

이중에 종이 지(紙)자를 쓰는 마을은 전남 광양시 봉강면 지곡리(紙谷里)와 충남 예산군 고덕면 지곡리(紙谷里) 두 군데다. 이들 마을 이름은 종이를 만든 데서 유래된 것으로 지금도 지실, 조실, 또는 지곡으로 불리고 있다.

광양시 봉강면 지곡리의 마을 이름은 이곳이 원래 닥나무로 종이

---

132. 팽이를 돌리는 채로, 가는 나무 끝에 끈을 매달아 만들며, 끈의 끝부분으로 팽이의 몸통을 쳐서 돌리는 도구이다.

를 만드는 곳이었다는 데에서 연유해 지실(紙室)이라 했는데, 1789
년 문헌에 의하면 저곡촌(楮谷村)으로 기록되어 전한다. 저곡촌 역시
닥나무 골을 가리킨다.

지곡리에 가까운 곳에 있는 봉강면 부저리(釜楮里) 또한 닥나무와
관련이 깊은 지명이다. 부저리에서 부(釜)는 가마로 발이 없는 큰 솥
을 의미하므로 닥나무(楮)를 솥에 넣고 삶았던 곳이라 할 수가 있다.
이 마을에서 전해 오는 이야기로는 옛날에 이 지역에 닥나무가 많
다하여 닥실·달실로 불렀다고 전하므로 닥나무와 밀접한 관련이
있다.

광양시 봉강면 지곡리, 부저리의 지명, 지곡리 앞에 종이 수요가
많았을 것으로 추정되는 본절이라는 지명의 마을(옛날에 큰 절이 있었
다고 전해짐)이 있는 것으로 보아 종이의 산지였던 것으로 추정된다.
그러나 종이의 생산에 관한 역사 자료는 찾아보기가 힘들다.

광양에서 종이를 만들었던 곳으로 전해지는 봉강면 지곡리와 부
저리가 종이와 관련된 기록이 없는 반면에, 장성군의 제지에 관한
기록은 신라 시대까지 거슬러 올라간다. 국보 196호인 '신라백지묵
서대방광불화엄경(新羅白紙墨書大方廣佛華嚴經)'의 종이가 장성 사람의
손에 의해 제작되었다고 기록되어 있다.

이 경(經)의 발문(跋文)에 의하면, "신라 경덕왕(景德王) 13년(754년)
연기법사(緣起法師)의 발원(發願)으로 이 경(經)을 만들었는데, 이 작업
에 지작인(紙作人, 종이를 만든 사람)이 구질진혜현(仇叱珍兮縣) 황진지로

벼슬은 내마였다(紙作人仇叱珍兮黃珍知奈麻)"라고 기록되어 있다.

백제 시대 장성의 이름이 구사진혜현(舊斯珍兮縣) 또는 구사진혜(丘斯珍兮)였으며 표기의 진화 등을 고려할 때 화엄경 발문에 나타난 구질진혜(仇叱珍兮)는 현재 장성군 진원면 구사진혜(丘斯珍兮)라는 추정이 성립된다.[133]

이처럼 장성의 한지는 조선 말에서 일제 강점기까지 여러 곳에 지소(종이 공장)가 있었다.

일제 강점기 조선지 산지, 장성

근대에 일본인들은 닥나무로 만든 종이를 조선지(朝鮮紙)라 불렀다. 조선지(朝鮮紙)는 닥나무를 원료로 수도법(水渡法)에 의해 후수(厚手)로 초조(抄造)한, 소위 조선 재래의 종이를 총괄한 명칭이다. 이는 일본으로부터 미농지(美濃紙), 반지(半紙) 등의 일본 종이가 들어오면서 재래의 종이와 구별하기 위해 조선지라 부른 데서 연유한 것이다.

원래 명칭은 창호지(窓戶紙), 백지(白紙), 견양지(見樣紙), 온돌지(溫突紙), 장지(壯紙) 등 종류는 수십 종에 달했다.[134] 일제 강점기 때 조선지의 주요 산지는 경기도, 경상남북도, 전라북도, 충청북도였다.[135]

---

133. 장성군민신문. 2011. 2. 11. 장성 한지 1200년 '전통의 美' 잇는다.
134. 조선일보. 1939. 7. 9. 朝鮮紙의 將來.

1929년에 충북 제천, 경남 의령, 경북 용성과 건천, 경기 은평, 전남 장성에 조선지 공동작업장이 설치되었다.[136]

공동작업장은 조선에서 산업품으로 유명한 여러 가지 산업조합으로 하여금 공동작업장을 설치하게 하여 기계와 혹은 재료를 제공하여 제조하게 해서 공동판매를 하는 것이다. 노동한 사람에게는 원료가를 제외한 이익 전부를 주는 구조이다.

1930년에 장성군 제지조합은 경성 남대문 외 상공장려관(京城 南大門 外 商工奬勵館)에서 개최한 가정공예품평회(家庭工藝品評會)에서 창지(窓紙)로 특등상을 받았다.

1932년에는 조선지산업조합발기대회가 있었다. 당시 장성은 조선지의 산지로서 산간벽지에서는 대개 이 직업으로 생애를 삼는 가구가 190호 정도가 되었다.[137]

그런데 당시에 종이를 만드는 순서는 농가에서 닥나무를 계곡이나 불모지에 심어 두고, 가지를 자른 껍질을 벗겨서 중매인(草物商)에게 판매하면, 중매인은 그것을 제지업자(製紙業者)에게 판매하여 종이를 만드는 순서로 진행되었다.[138]

따라서 190호 정도 되는 가구가 모두 종이를 만들었던 것은 아니고 닥나무 껍질을 생산하였던 것으로 추정된다. 그것을 감안할 때

---

135. 조선일보. 1924. 10. 4. 朝鮮紙産高.
136. 동아일보. 1929. 5. 15. 共同作業場은 九個處에 新設.
137. 조선일보. 1932. 3. 1. 全南長城에서 産業組合發起.
138. 조선일보. 1934. 6. 5. 朝鮮의 主要한 家內工業現勢.

장성의 제지업은 상당히 규모화되었을 것으로 추정된다.

한편, 〈조선일보〉 1939년 7월 9일 '조선지의 장래'라는 기사에는 "1939년 기준으로 조선지 조합은 전국에 28개가 있었는데, 온돌지는 조선 남부 특히 경상남북도, 전라남북도가 가장 은성(殷盛, 번화하고 풍성함)하고, 제조 호수도 현재는 9,000호를 초과하리라고 본다"라는 내용을 고려할 때 상당히 번성했던 것으로 추정된다.

일제 강점기 때 장성에서 만들어진 종이는 수출이 되었으며, 장성 황룡장에서는 장성에서 생산된 종이를 판매하는 가게가 많이 있었고, 거래 또한 활발하게 이루어진 것으로 전해진다.

제지용 뽕나무 껍질

일제는 뽕나무 재배와 양잠을 장려했으나 1930년대 초 잠사(蠶絲)가 폭락해서 채산이 맞지 않았다. 그 시기에 영국 글래스고에 있는 왓손이라는 제지원료 공급회사로부터 조선총독부에 뽕나무 껍질의 주문이 들어왔다.

뽕나무 껍질이 종이를 만드는 재료가 됨을 알게 된 일본 식산국 상공과에서는 중앙시험소(中央試驗所)에 의뢰하여 제지 시험을 행했다. 그 결과 조선지보다 저렴한 종이를 만들 수 있었다. 이 종이의 특색은 물과 불에 대한 저항력이 강하고 벌레가 먹지 못함으로 그

그림 9-8. 전남 나주에서 뽕나무 껍질 제지 강습회
(출처 : 〈京城日報〉 1931. 5. 26. 全羅南道 桑の皮か製紙の原料)

장래가 유망할 것으로 판단했다. 그래서 조선총독부에서는 전남 장성, 나주, 함평의 세 곳에서 뽕나무 종이 강연 순회장을 열고 제지 강습을 했다.[139]

일제 강점기의 장성 한지 작업장

일제 강점기의 장성 한지는 야나기 무네요시가 기록으로 남겼다. 그는 1937년에 장성군 지업조합이사(紙業組合理事) 이정선(李廷善) 씨의 안내를 받으며 상오리(上螟里)의 한지 제작 현장을 방문했다. 그의 기록을 정리하면 다음과 같다.

---

139. 동아일보. 1931. 3. 10. 桑皮로 製紙.

"장성은 전남 제일의 종이 산업 지역이다. 이정선(李廷善) 씨의 안내를 받아 종이를 제작하는 작업 모습을 볼 수 있었다. 주로 온돌용 원지를 만드는 곳이었는데, 그 작업장은 볼만했다. 10명이 굵은 느티나무로 만든 디딜방아의 양다리 부분을 짓밟고 절굿공이를 들어 올려 내려쳤다.

겹쳐진 온돌지가 그 무게 아래에서 완성되는 것이었다. 이런 원시적인 힘을 가진 종이는 일본에는 없다. 같은 전라도 내에서도 남도에서는 이를 삼갑지(三甲紙) 내지 육갑지(六甲紙)로 나누고, 북도에서는 삼배지(三倍紙) 내지 팔배지(八倍紙)로 나눈다고 한다.

원래 수가 늘어난다는 것은 두께가 늘어난다는 뜻이다. 기름칠을 한 이 종이들이 조선의 방바닥에 가죽처럼 반짝이는 모습은 누구나 알 것이다.

물론 이곳에서는 온돌지 외에 장지(壯紙) 혹은 명지(明紙)를 만드는데 질이 매우 좋다. 명지는 명대(明代)에 법이 통과되어 그 이름을 얻었다고 한다.

그 밖에 널리 알려진 태지(苔紙)를 만든다. 모든 종이는 닥나무로 만든 것이다. 황촉규(黃蜀葵)를 풀로 사용하는데, 조선어로는 닥풀이라고 한다. 펄프를 피해 순수하게 닥나무를 이용해서 옛날 방식의 종이만을 주문했다.

만약 그 정격(正格)을 지킨다면 조선종이는 천하제일의 것이 될 것이다. 우리는 고대(古代)로 돌아가는 것이 오히려 조선 지업의 명예를 높이고 번영을 가져오는 이유가 될 것이라고 믿어 의심치 않는다."

광복 이후의 장성 한지

장성에서 일제 강점기에 한지 공장은 징성읍 상오리, 황룡면 금호리, 북일면 금곡마을 등에 수십 곳이 있었다. 한말(韓末)에 지소(紙所)를 두었던 장성읍 상오(上螟)마을은 특히 닥나무나 삼지닥나무(三枝楮) 껍질을 원료로 하여 한국 고유의 기법으로 제작한 독특한 종이를 생산했었다.

장성에서는 1960년대까지만 해도, 한지(漢紙)와 장판지 생산이 대규모 이루어졌다. 1959년의 기사에 의하면 전남 도내의 전 소비량 중 근 80%가 장성에서 생산되었으며, 연간 약 1억 환의 수입을 보고 있다는 기사[140]가 있다.

상오마을의 더성 한지는 1950년경에 김명수 씨에 의헤 설립된 것으로 일본에까지 수출하는 등 한때는 전국에서도 유명한 한지 생산지였다. 이곳에서는 기계지가 아닌 손으로 창호지, 서화지, 장판지를 만드는 전통 방식으로 한지를 제작했다.

---

140. 조선일보. 1959. 3. 14. 伐採심한 原木産地.

　한때 70여 명의 종업원이 근무할 정도로 큰 공장이었으나 1980년대 이후 주거문화가 변화하고, 창호지와 장판지의 수요가 사라지면서 1990년대 말까지 주로 서화지 등을 생산했었다. 그러다가 원료를 중국에서 수입해야 하는 등 경제성이 맞지 않아 공장을 중국으로 옮겨버리고 말았다.[141]

141. 장성군민신문. 2011. 2. 11. 장성 한지 1200년 '전통의 美' 잇는다.

10장

죽공예

1
나주 죽공예

전남 죽공예품

전남은 예로부터 우리나라 최고의 죽공예품 산지였다. 근대의 다양한 기록에도 산지임이 나와 있고, 신문 기사에서도 쉽게 찾아볼 수가 있다.

〈동아일보〉 1934년 1월 3일 '성과가 있는 특산'이라는 기사에는 "전남의 죽림(竹林)은 전 조선 죽림의 7할을 점령하여 그 면적이 실로 2,300여 정보이므로 방방곡곡에 이르기끼지 올창한 죽림이 무성하여 풍치적으로도 막대한 권위를 발휘할 뿐만 아니라 외국에까지라도 인식되어 있는 전남의 특산물인 만큼 다이쇼(大正) 10년(1921년)을 전후하여서는 연산액이 150만 원을 돌파하는 중요산물이었다"라는 내용이 있다.

〈동아일보〉 1936년 6월 26일 '공업조선 수자적 검토 (15)' 기사에는 "전남의 죽세공(竹細工)으로 말하면 고래(古來)로 특산이어서 그 기술에서도 교묘한 점이 많다. 전남 담양, 영암 및 나주의 죽기, 죽즐(竹櫛), 염(簾) 등도 유명하고, 궤(櫃), 단사(簞笥), 칠기(漆器) 등이 또한 유망하다"라는 내용이 있다. 이 기사에는 특히 담양, 나주, 영암이 특산지임을 나타내고 있다.

또 다른 기사인 〈동아일보〉 1926년 1월 26일 '죽물공장 신설계획, 광주기청에서'에는 "광주기독교청년회에서는 죽공예품의 수부(首部)인 광주에 죽물공장을 설립하기 위해 죽물의 본산지(本産地)인 담양이나 나주에 견습생 1명을 파견하여 6개월가량 견습하게 하리라"는 내용의 기사가 있다. 이 기사에서는 담양과 나주를 죽물(竹物)의 본산지로 꼽고 있다.

〈조선일보〉 1936년 4월 25일 '전남 죽제품 만세 태평양 건너 대진군' 기사에서는 "전남의 명산물인 죽제품이 만주를 비롯하여 동양 각국에 수출된 지 이미 오래되어 연 수출액 수십만 원에 달하고 있다"라는 내용이 있다. 같은 신문 1936년 7월 19일 '양미 만곡절 부채, 발, 등 거리'라는 기사에는 "전라남도 담양, 영암, 나주 명산 죽렴은 버리지 못할 것이다"라는 내용이 있다.

따라서 전남에서 죽공예품은 각 지역에서 바구니 등 생활 도구를 만들어서 사용한 가운데, 담양에서는 폭넓은 품목이, 나주에서는 대발, 대비, 대발이, 영암에서는 참빗의 수출품 생산 등 특산지였던 곳이었음을 알 수 있다.

232

나주 죽공예품

조선 숙종 때의 문인 김만중(金萬重)의 문집으로 1702년 간행된 《서포집(西浦集)》에는 "남평 부채가 동국의 제일이다"라는 내용이 있다. 남평은 현재 나주시 남평읍이다. 부채에서 죽세공은 중요한 부분을 차지하는데, 《서포집》에 서술된 남평 부채는 300년 이상 되었으므로 나주의 죽세공 역사는 그만큼 오래되었다.

나주는 일제 강점기에 죽공예품의 산지로 크게 주목받았고, 그 내용들은 신문 기사에 자주 노출되어 있다. 한말부터 일제 강점기에 걸쳐 조선총독부 기관지로 경성(서울)에서 발행된 일본어 신문인 〈경성일보(京城日報)〉의 1923년 10월 6일 지면에는 "죽공예품의 산지로 유명한 곳은 전라남도 나주 및 담양군이다. 나주는 1913년 나주공예품제작소(羅州工藝品製作所)가 설립된 이후 지방비의 보조로 발, 소쿠리 등 죽제품 전문 인력 양성으로 발달해 주문이 속출하고 있으며, 담양은 대키, 댓자리를 산출하고 있다"라는 내용이 있다.

〈조선일보〉 1926년 1월 5일 '니주 유일(羅州唯一)의 잠종제조가(蠶種製造家)'라는 제목의 기사에는 다음과 같은 내용이 있다.

"나주미선(尾扇, 부채)과 죽렴(竹簾)은 조선 특산품의 일종으로 국내의 수용은 물론 근래 외국에도 종종 수출되는 형편인 바 만반이 쇠잔하여 가는 현상에 있어 이것까지 외인에게 피탈하지 않겠다는 생각으로 이 죽세공을 유지한 것은 동군(同郡)의 승봉렬 씨였다.

공방의 설비가 없고 각기 자가에서 제조하는 것을 수합함에 불과하나 금년에도 미선(尾扇) 2만 병과 죽렴 3천 장을 산출하여 조선 내의 각 도회지와 상해(上海)에 수출하였다."

나주의 발, 부채, 대비 수출은 또 다른 신문 기사[142]에도 "나주의 특산물인 발(簾), 부채(扇), 대비(竹篦) 등은 전 조선 각지는 물론 외국까지도 다수히 수출됨은 일반이 다 아는 바…"라는 기사가 있다.

발, 부채, 대비 외의 죽공예품이 유명했음을 또 다른 신문 기사[143]에 나와 있다. 즉, "전남 비장 특산품으로 전 조선과 외국까지도 그 명성이 자자한 죽즐죽추(竹櫛竹箒), 죽세농립(竹細農笠), 죽렴(竹簾), 선자(扇子), 단선(團扇)…"이라는 기사 내용이다.

〈동아일보〉 1922년 6월 9일 기사에는 '재외 동포 위문회, 죽공으로 유명한 나주'라는 기사에서는 "이곳의 산물은 대의 죽세공(竹細工)이 가장 유명하더라"라는 내용이 있다.

위와 같이 여러 신문 기사에서 나주는 발, 부채, 빗자루 등을 중심으로 한 죽공예품의 생산이 활발했고, 수출에도 기여한 것으로 나타나 있다.

그 배경에 대해 〈동아일보〉 1934년 1월 3일 '성과가 있는 특산'이라는 기사에서는 "지금으로부터 16년 전(1918년)[144]에는 일본인 산기송본(山岐松本) 등이 나주군에 와서 새로 대비지락(竹箒), 빠스켓(가

---

142. 동아일보. 1931. 10. 21. 조선에 굴지한 나주렴선죽추업.
143. 동아일보. 1928. 8. 28. 특산품 취체 규칙.

방), 개량수산구(改良水産具), 기타 죽세 고급품을 만들기 시작하였으므로 신흥(新興) 죽제품은 나주를 중심으로 발달해서 다이쇼 10년(1921년) 전후에는 연산액이 실로 150만 원의 거액에 달하였다"라는 내용을 들고 있어 죽공예품 생산 전통에 자본이 투자되었음을 짐작할 수 있다.

그림 10-1. 나주 죽공예품 제조 현장 (출처 : 일제 강점기에 발행된 그림엽서)

한편, 광복 이후에도 나주에서는 죽공예품이 활발하게 생산되었음은 〈경향신문〉 1947년 11월 21일 '실업자 구제로 죽공예품을 다량산출'이라는 기사에서 확인된다.

이 기사는 "나주읍에서는 세계적으로 유명한 나주 특산 죽물을 생산하여 실업자와 전재동포를 구호하고자 읍내에 '실업자 일시 직업 안내소'를 두고 특수한 기술로서 의자 등 수십 종을 생산하고 있

---

144. 1918년에 해당.

던 바 지난 10월 초순의 공업전람회에 출품한 결과 우등상을 타게 되어 앞으로도 계속 생산하리라 한다"라는 내용이다.

나주공예품제작소

일제 강점기 나주의 죽공예품은 수출상품으로도 명성이 높았다. 그 배경과 요인에는 전통 기술, 재료와 명성 등 여러 가지가 있으며, 그중에서 빼놓을 수 없는 것이 나주공예품제작소라 할 수 있다. 나주공예품제작소는 1913년에 설립되었다. 1913년 10월 21일 〈매일신보〉에는 '나주공예품제작소(羅州 工藝品製作所)'라는 기사가 있는데 그 내용은 다음과 같다.

"전남 나주군에서는 나주 공예품의 개량 발달을 기도하여 선인수산의 일 방법을 계획한바 저번 나주공예품제작소를 설립하고 공예상의 기술을 교수하게 되어 제1기에 죽세공 중 특히 농구(農具), 기타 최근 실용 기구의 제작, 제2기에 점차 정교한 미술품을 제조할 계획인데 조합조직은 나주 굴지의 부호 선인 20명으로 성립되어 조합장에 손종달 씨를 추하고 평의원에 선인 1명을 선거하고 이사에는 제등일 씨를 거하고 교사도 대략 결정하였다더라.

본 조합은 제작품의 판매 이익 및 지방비 보조 연액 300원으로 유지 향상케 할 터이오. 상차 제일 착수되는 죽세공에 관하여 현존의 죽으로 당분은 재료의 결핍이 없음은 물론이나 한편 죽림의 개조 및 증식도 할 계획에 있으며, 제등일 씨를 중심으로 대나무에 관한 강습회도 개최한다더라."

나주공예품제작소가 설립되고 나서 그 성과 또한 신문 기사에서 찾아볼 수가 있다. 〈경성일보〉 1923년 10월 6일~10월 7일 기사에는 "나주공예품제작소가 설립되고 나서 새로운 제품 개발, 지방비의 보조 아래 직공 양성에 노력한 결과 주문에 신속하게 대응해서 성황이다"라는 내용이 있다.

나주의 염선목물

나주의 공예품은 전통적으로 염선목물(簾扇木物)이 잘 알려져 있다. 염선목물 중에서 염(簾)은 발이고, 선(扇)은 부채이며, 목(木)은 칠기(漆器), 목기(木器), 나주반 및 소목이다. 이외 죽공예품으로는 대나무 빗자루(竹箒)도 유명했는데, 이들 품목에 대해서는 1920년대와 1930년대 신문에서 자주 찾아볼 수가 있다.

"전남 담양의 죽기(竹器)와 나주(羅州)의 죽렴(竹簾)은 유명한 물산이며 칠기(漆器)와 목기(木器)를 미려히 산출하여 각국으로 수출한다",[145] "전남 나주의 특산인 나주미선(나주부채)과 주렴(발)은 조선의 자랑이 되는 미술품의 하나임은 세인이 공인하는 바이니…"[146] 등 나주 죽세공의 위상에 관련된 기사들이 있다.

〈조선일보〉 1939년 4월 16일 기사에는 "나주지방은 죽공예품 생산지로 유명하거니와 영산포산업조합과 나주산기공예품제작소에서 산출한 죽추(竹箒, 대나무 비)는 약 30만 본으로 조선 내는 물론 만주와 중국까지 수출하였다"라는 내용이 있다.

목물은 나주반(羅州盤)이 특히 유명해 조선 말 및 일제 강점기에 나주에서 만든 것들이 다수의 박물관과 해외에서 골동품으로 거래되고 있으며, 그 기능은 국가무형문화재 제99호 소반장(小盤匠)으로 지정되어 있다.

번영했던 나주의 염선목물은 1950년대 이후 크게 쇠퇴하고 다른 산업으로 빠르게 전환되었다. 그 내용은 1969년에 발간된 《한국민속종합보고서(문화공보부 발간)》에 기록되어 있다. 이 보고서에는 "나

羅州의尾扇과竹簾은朝鮮特齊品의一種으로國內의需用은勿論이어니와近來外國에도種種輸出되는形便인바萬般이衰殘하여가는現狀에잇서서이것外지外人에게被奪하지안켓다는생각으로이竹細工維持한것은同郡昇泰烈氏엿다元來手工品으로써副業的生產임으로現今에는工塲의設備가업고各其自家에서製造하는것을收合에不過하나今年에도尾扇二萬柄과竹簾三千張을齎出하야朝鮮內의各都會地와上海方面에輸出하엿는바同氏는手工業으로經營함보다機械力을應用함이有利할것을생각하야目下그實現에努力하는中이라한다

그림 10-2. 〈조선일보〉 1926년 1월 5일

145. 동아일보. 1927. 9. 3. 조선의 대미 무역 증진책 (20).
146. 동아일보. 1932. 6. 3. 미선과 주렴의 품질개선 노력.

주의 세공 특산품은 염선목물(簾扇木物)로 알려져 있으나 그 솜씨가 모두 끊이다시피 했고, 당지에서는 옛 물건조차 찾아보기 힘들어 상세히 알 길이 없다”라고 기록되어 있다.

2

담양 죽공예

담양 죽공예품

담양은 우리나라에서 죽공예가 발달한 대표적인 지역이다. 담양의 죽공예가 발달한 배경에는 재료 측면에서 죽림 조성에 알맞은 기후조건과 풍부함이 있다. 그 재료를 만드는 기술의 전승과 보급, 다양하고 수요 증가에 대응하는 과정에서 규모화와 분업화, 지리적 및 생업 수단에서 생산성의 비교 우위성, 정책적 지원 등 각 요인이 결부되면서 독보적인 죽세공 산지로서 명성을 떨친 지역이다.

담양의 죽공예 역사는 고려 말부터 시작되었다는 전설이 있으며, 〈동아일보〉 1934년 1월 3일 '성과가 있는 특산' 기사에서는 "지금으로부터 500여 년 전에 담양 향교리에서 참빗(眞梳, 진소)을 만들었다는 것이 죽세공의 효시라고 한다"라는 내용이 있다. 이 기사는 1934년에 발행된 것이므로 지금은 600여 년이 된다.

영조(英祖) 33~41년(1757~1765년)에 발간된 《여지도서(輿地圖書)》에는 담양에서 부채류와 대바구니를 중앙관가에 공물로 진상하였다는 기록이 있다. 서유구(徐有榘, 1764~1845년)의 《임원경제지(林園經濟志)》 중의 《예규지(倪圭志)》〈팔역장시(八域場市)〉편에는 19세기 죽물 시장에서 삿갓, 대바구니, 채침, 참빗, 부채 등 다양한 죽제품이 거래되었다는 기록이 있다. 또 《임원경제지》〈섬용지(贍用志)〉편 죽단침(竹簞枕)에는 담양 채상의 우수함이 기록되어 있다.

오랜 역사가 있는 담양의 죽공예품은 1909년 공업전습소가 담양에 설치되면서 주로 일반 농민들을 대상으로 한 바구니 제조 기술 지도 등이 더욱더 확산이 되었다.[147]

1916년에는 담양의 죽공예품 생산자들이 진소(眞梳)조합을 만들어 조직적으로 생산하기 시작했다. 진소조합을 만들게 된 배경에 대해서는 "담양의 생산물 죽세공은 그 품목과 수량을 파악하기 어려울뿐더러 매년 총산액이 40만 원에 달한다. 그러나 고리대금을 차용함으로써 원료 구입이 어렵고, 각자의 능력이 미치지 못하는 고통이 있어 이를 해결하기 위해 진소조합을 설립했다. 1921년에는 담양군산업조합(潭陽郡産業組合)을 만들고, 인가원을 제출하여 1922년 2월에 인가가 나 창립총회를 했는데, 300여 명이 참석했다"라는 기사[148]에서 알 수가 있다.

---

147. 조승현. 2004. 광주·전남지역 재래공업의 지리학적 연구. 성신여자대학교 박사학위논문.

산업조합의 조합원 수는 설립 당시에 생산자의 80% 정도가 가입
해 1,099명이었으며, 1930년의 조합원 수는 1,624명이었다.[149] 〈조
선일보〉 1923년 3월 23일 '죽공조합의 반대운동'이라는 기사에는
담양군청에서 설립한 죽세공조합(竹細工組合)이 "제 손으로 만든 것
을 제 마음대로 팔 수 없으니, 죽세공조합을 없애자는 반대운동에
천여 명의 군중이 참석했다"라는 내용이 있다.

위의 신문 기사를 보면 담양의 죽세공은 1910년대에 이미 상당히
규모화되었음을 알 수가 있다. 1920년대 이후에는 담양의 죽공예품
수출상품으로까지 발전하면서 빠르게 성장했다. 1930년대 담양의
죽세공은 1937년에 5월 4일 담양을 방문한 야나기 무네요시의 기
록[150]에도 나타나 있다. 그가 쓴 글을 요약하면 다음과 같다.

"광주에서 담양으로 향했다. 담양은 누구나 아는 유명한 죽세공
고을이다. 오래된 도성(都城)이 있었던 곳으로, 성 밖을 흐르는 푸른
물을 따라가면 언덕에는 정자가 있고, 하천가에는 아름다운 버드나
무와 느티나무의 가로수가 계속된다. 남국의 조선이라는 느낌이 많
이 든다.

긴 토교(土橋)[151]를 건너면 길은 언덕으로 이어진다. 오래된 공자
묘비를 중심으로 마을의 집들은 경사면에 몰려들었다. 이 마을의

---

148. 동아일보. 1922. 3. 5. 담양산업조합립회.
149. 조승현. 2004. 광주·전남지역 재래공업의 지리학적 연구. 성신여자대학교 박사학위논문.
150. 柳宗悦. 1938. 全羅紀行. 工藝 第82号.
151. 나무로 만든 다리 위 흙을 덮은 다리.

죽세공은 온 마을이 분업으로 쪼개는 집, 깎는 집, 참빗살을 짜는 집, 낙죽하는 집, 모두 각각의 전업으로 나뉜다. 어느 집이나 일터다운 방이 따로 있는 것이 아니라 각자의 방이 바로 그 일터다.

여기서는 가정과 일이 둘이 아니다. 빗을 만드는 집을 방문했다. 다다미 네 장 정도의 온돌방에 조선 옷을 입은 세 명의 여자가 빗을 짜고 있었다. 그 모습은 아무래도 당나라 시대의 그림처럼 보였다.

담양에는 산업조합이 활동하고 있다. 창고 안에 들어가서 대나무 발, 죽피 세공, 염색된 대나무 그릇, 빗살, 부채, 대나무 바구니 등 여러 가지를 쇼핑했다. 그중에서도 발은 고급품이 되면 비단을 보는 것 같고, 기술은 옛날과 다름없다. 죽피의 물건은 이 땅에서의 신흥 산업으로 세공도 훌륭하고 모양도 확실하다.”

〈동아일보〉 1936년 5월 23일 ‘세계시장 풍미하는 특산 죽공예품’이라는 기사에는 “담양의 죽세공 기술은 전 조선적이라는 것보다도 전 세계적으로 빛나고 있다. 담양 죽산업은 더욱 발전해 연산액은 75만 원이며, 죽산품을 제작하는 가정은 3,472호이며, 인원은 8,904명이다”라는 내용이 있다.

담양 죽공예품은 해방 후에도 명성을 이어 왔으며, 국내뿐만 아니 수출상품으로 1974년도의 수출액은 150만 달러, 1975년에는 110만 달러였다. 수출 대상군은 일본, 미국과 영국, 서독 등 10여 개국이었다.

〈경향신문〉 1966년 6월 6일 ‘민예의 마을 (1) 담양의 죽공예’라는 기사에는 "군 산업과의 얘기에 따르면 담양의 죽세공 민가(民家)는 1읍 11면에 걸쳐 4,550호, 그중 1,630호가 그것만을 전업 그리고 차트에 파악된 죽공(竹工) 종사자 수는 15,925명, 그중의 60%가 여성이다"라는 내용이 있다.

죽세공산업이 상당히 쇠퇴한 1966년까지도 죽세공 종사자 수가 16,000명에 가까이 되어 죽세공은 담양군의 주력 산업이었음을 알 수가 있다.

담양 죽물시장과 죽공예품

담양에는 국내 유일의 죽물시장이 있다. 지금은 전통시장에 나온 죽물을 찾아보기 힘들 정도로 죽공예품의 유통은 쇠퇴했으나 과거에는 그 위상이 대단했다. 담양 죽물시장은 서유구의 《임원경제지》 《예규지》 〈팔역장시〉편에 소개되어 있다.

〈동아일보〉 1936년 5월 23일 기사[152]에도 담양 죽물시장이 다음과 같이 화제로 되어 있다.

"담양 시장은 과거에는 삼남(三南)에서도 집산으로 우수한 시장이었으나 근년에 와서 시가지 확장 계획에 의해 시장이 위편(萎編)되

---

152. 동아일보. 1936. 5. 23. 담양사회의 여론 해결해야 할 제문제.

고 있고 수해로 인하여 시장의 대부분이 침식되었으므로 현재의 시장은 5호(五戶)의 주택지, 700여 평을 산입하여 불과 2,414평이니 순전한 시장 면적은 1,700여 평이다.

8년 전의 시장은 인산인해일 것이며, 집산물 적재는 무등산덩이와 같았을 것이다. 시장 협착으로 인하여 얼마만큼 손해를 보았는지 생각해 볼지어다. 인근 11개 군민이 발을 끊게 되어 담양으로는 손해가 막대할 것이다. 그리므로 시장의 이전 확장이 절실히 필요하며, 동시에 긴박한 문제이니 속히 해결하여야 할 것이다."

담양 죽물시장은 〈조선일보〉 1976년 9월 4일 '한국의 연륜 (27) 판로 잃은 전통의 여름용품' 기사에도 다음과 같이 소개되어 있다.

"2일과 7일이면 담양읍 객사리 마을 북쪽 끝 강가에는 전국에서 유일한 장이 선다. 담양 윗장터의 죽물시장이다. 영산강 상류인 그곳은 작은 강 이름은 백진강(白津江)이라고 했다. 강가의 장터는 질펀한 자갈밭이다.

장날이면 아침부터 대바구니를 멘 길고도 긴 행렬이 냇가의 장터로 모여들었다. 그것은 저어도 200년 이래의 담양 죽물시장의 풍물이었다. 1950년대 초까지 담양 윗장터의 죽물시장은 '삿갓점머리'라는 이름으로 통했다. 조선왕조 시절에는 하루 장에 나오는 삿갓만도 3만여 장을 헤아릴 만큼 많았다. 그 많은 삿갓들이 영동(嶺東)지방으로까지 팔려갔다."[153]

담양 죽물시장은 위와 같이 오랜 전통이 있고, 삿갓점머리에서 유래되었던 것처럼 담양에서는 삿갓(農笠, 농립), 상립(喪笠) 등이 조선 시대 때부터 유명했던 것으로 추정되며, 부채(扇子 및 團扇), 발(珠簾) 등이 만들어져 전문적인 장인은 물론 농가의 부업으로 만들어진 죽물이 유통되는 크나큰 경로였다.

담양에서 만들어진 죽공예품의 종류는 "우리 고을에는 선자, 참빗, 농립, 발 외에 수백 가지가 생산된다"[154]라는 내용처럼 많았다. 대나무 죽공예품의 유물을 보면 표 10-1처럼 많은데 "죽물시장에서 판매되는 죽공예품 종류 수는 800여 종에 이른다"[156]라는 내용처럼 수백 가지 종류가 죽물시장에서 판매되었다(그림 10-3).

표 10-1. 대나무 특성을 이용한 죽공예품[155]

특성	대표 죽공예품
할열성(割裂性)	과반, 대젓가락, 바구니, 부챗살, 화살, 발, 삿갓 등
탄력성	활, 낚싯대, 바구니, 체, 대베개, 침대, 의자 등
부담력	지붕, 대젓가락, 지팡이, 자루, 손잡이, 바지랑대, 무기, 농기구 등
항좌력(抗挫力)	담장, 가구류, 우산 자루, 대바늘, 각종 생활기구 등
공통성(空筒性)	통피리, 붓통, 담뱃대, 붓자루, 의자, 침대 등
만곡성(彎曲性)	대접시, 대받침, 활, 골재, 화병, 스키 용구 등
기타	장식용 대구슬, 장신구, 조명기구, 완구류 등

153. 조선일보. 1976. 9. 4. 한국의 연륜 (27) 판로 잃은 전통의 여름용품.
154. 동아일보. 1926. 8. 8. 향토예찬 내 고을 명물 (28) 세렴 드리운 곳에 죽침상죽부인.
155. 김진열. 1994. 담양지역 죽공예품에 관한 고찰. 전남대학교 석사학위논문.
156. 조선일보. 1976. 9. 4. 한국의 연륜 (27) 판로 잃은 전통의 여름용품.

그림 10-3. 담양 죽물시장 모형 (출처 : 한국대나무박물관)

담양의 죽렴

죽렴은 가늘게 쪼갠 대나무인 대오리를 실로 엮어서 만든 '발'로 일명 '대발'이다. 죽렴이 언제부터 만들어지기 시작했는지는 정확하게 알 수 없지만 《추성지(秋成誌)》[157]의 기록을 통해 조선 시대 16세기 후반경 담양지역에 세워진 정자에서 이미 사용되고 있었음을 추정할 수 있다.

담양의 죽렴(대발)은 〈동아일보〉 1934년 8월 3일 기사 '내 고향의 명산을 찾아서 : 조선 특산 담양죽물'에 잘 나타나 있다.

"담양의 염(簾)은 섬세 우미하여 한 개의 미술품이다. 박람회 등

---

157. 《추성지(秋成誌)》는 조선 영조 34년(1758년) 이석희 담양부사가 담양의 역사와 문화 등의 기록을 담아 편찬한 최초의 '담양군지(담양읍지)'이다.

회장에서 진열된 비단과 같은 염이 있는 것은 사람의 눈길을 끌고 선풍기에도 날려 청초(清楚) 백 퍼센트이다.

정교한 것은 1개에 10원 이상 십수 원의 것이 있는 바 보통품(普通品)은 1개에 1원씩이오, 산업조합의 생산액은 연산(年産) 7만여 원에 달한다. 기술은 고려조(高麗朝) 시대부터의 전통으로 타지방의 추후(追後)를 불허한다. 판로는 경성을 주로 김천, 대구 등 대부분 남조선 방면이다. 철도(鐵道) 취급은 연 30돈(砘) 전후의 소량인 바 아직 장래는 유망하다."

〈조선일보〉 1939년 6월 4일 '대용품 쓰지 않는 하절 풍물 가지가지'라는 기사에는 발이 다음과 같이 소개되어 있다.

"발은 조선발과 일본 내지발을 많이 씨우는데 조선발은 예로부터 전라도 담양발이 제일입니다. 참대를 명주실처럼 가늘게 뽑아서 또 명주실로 짜는데 이건 순전히 손으로 만든 수제공품입니다.

가격은 현재 최고가 15~16원가량이고 제일 하층은 60전가량인데 아주 특상품은 1닢에 몇백 원짜리도 있습니다. 조선발은 외국 사람들이 잘 사가는데 특히 '하와이'에서 이번 요 며칠 전에도 10닢가량 사갔습니다. 일본 내지발도 많이 씨우는데 이건 주로 농촌에서 만들다가 지금은 많이 나오지 않아 좀 비싸졌습니다. 1닢에 40전가량입니다."

〈동아일보〉 1940년 2월 20일 '죽렴생산 격증'이라는 기사에는 "담양에서 죽렴은 얼마나 늘었는가. 쇼와 12년(1937년)에는 77,120

개, 쇼와 13년(1938년)에는 84,830개 생산되었다"라는 내용이 있다.

죽렴을 만드는 대나무는 2~3년생으로 강도와 색깔이 좋으며, 위아래가 반듯한 분죽(흰 얼룩무늬가 있는 대나무)을 고른다. 제작과정은 먼저 대나무를 선별하고 '다듬기 → 대나무 쪼개기 → 잔살내기(가늘게 쪼개기) → 조름빼기(조름질) → 엮기와 문양내기' 순이다.

담양의 대나무 발은 과거의 신문 기사만 봐도 생산량, 판매처, 우수함 등 그 위상을 알 수 있듯이 명산품이었나. 선통을 이어온 남양의 죽렴은 1990년에 전라남도 무형문화재 제23호 담양죽렴장(潭陽竹簾匠)으로 지정되었고, 기능보유자로는 박성춘(朴成春) 장인이 지정되었다(그림 10-4).

그림 10-4. 전남 담양 박성춘 장인이 짠 죽렴

3

낙죽

낙죽과 낙화

낙죽(烙竹)에서 낙(烙)은 지질 낙이며, 죽(竹)은 대나무이다. 불에 달 군 인두로 대나무 표피에 글씨나 그림을 그리는 것이 낙죽이다. 인 두로 종이, 나무, 비단, 가죽, 목판 등의 표면을 누르스름하게 지져 서 그림이나 글씨, 문양을 나타내는 전통 회화는 낙화(烙畵)라고 한 다. 낙화는 도락(刀烙), 낙각(烙刻), 낙(烙), 화화(火畵)라고도 한다.

낙화는 중국에서 발생해 우리나라에 전래된 것으로 알려져 있다. 낙화의 일종인 낙죽의 기원은 고대 중국에서 관청 소유의 기물(器物)에 낙관(落款)처럼 관청 이름을 표시하여 다른 것들과 식별하기 위한 것이었다. 청나라 초기인 1700년경부터는 기물의 장식으로 많 이 이용되었으며, 윈난성(雲南省) 무정주(武定州)의 무염(武恬)이라는 사람은 낙죽 기술이 뛰어난 것으로 알려져 있다.[158]

우리나라에서는 이규경의 《오주연문장전산고(五洲衍文長箋散稿)》, 오세창의 《근역서화징(槿域書畵澂)》, 《밀양박씨호계공파보(密陽朴氏虎溪公波譜)》, 최남선의 《조선상식문답(朝鮮常識問答)》 등의 문헌에 낙화에 관한 기록이 남아있다. 낙화에 능숙했던 사람으로는 조선 시대 광해조(光海朝) 안동 장씨(張氏, 1598년생)가 있다. 안동 장씨는 적당흥효(敵堂興孝)의 딸로 시서(詩書)를 잘했으며, 그림에 능해 화접(花蝶)을 잘 그리고 특히 낙회를 잘했다고 한다.[159]

1917년 오세창(吳世昌)이 우리나라 역대 서화가의 사적과 평전을 편집하여, 1928년 계명구락부(啓明俱樂部)에서 출판한 《근역서화징(槿域書畵徵)》에는 화화 도인으로 불리웠던 수산 박창규(遂山 朴昌圭, 1796~1855년)에 관한 기록이 있다. "박창규는 숯 대신 아도(砑刀, 인두의 옛 명칭)로써 낙죽을 잘했으며, 종이에도 화조(花鳥)와 영모(翎毛, 새와 짐승)를 낙화하여 낙화법을 창시하였으며, 그 유품들은 현재까지도 전한다"라고 설명해 놓았다.

한국학중앙연구원의 한국민족문화대백과사전에 따르면, 박창규의 출신에 대해는 대방주(帶方州) 출신이라는 문헌이 많은 가운데, 남원, 함양이라는 주장도 있다.

대방주는 전라남도 나주 다시(多侍)에 있는 죽군성(竹軍城)을 치소로 해 지류현(至留縣, 미상), 군나현(軍那縣, 지금의 함평군), 도산현(徒山縣,

---

158. 한국민족문화대백과사전(https://encykorea.aks.ac.kr/Article/E0011654).
159. 조선일보, 1971. 12. 1. 李朝畫家誌 師任堂申氏 4.

지금의 진도군), **반나현**(半奈縣, 지금의 나주 반남면), **죽군현**(竹軍縣, 지금의 나주 다시면), **포현현**(布賢縣, 지금의 나주) 등 6개 현을 관할했다. 나주는 예로부터 대나무가 많고 죽공예가 발달했던 지역이었음을 감안하면 박창규는 대방주 출신이라는 것에 무게가 실린다.

낙화는 조선 시대 때 선보인 후 일제 강점기에는 박창규의 손자 박병수(朴秉洙, 1858~?년) 등에 의해 전성기를 이루었다. 전라북도 진안에 살았던 박병수는 진안 현감인 김승집(金升集, 1826~?년)의 눈에 들게 되었다. 김승집은 박병수를 조선 초대 총리대신을 지낸 김홍집(1842~1896년)에게 소개했다.

이를 계기로 박병수는 일본에 알려지게 됐다. 당시 박병수가 그린 낙화 산수도 1폭은 하치노헤시 미술관(八戶市美術館)에 소장되어 있고, 낙화 화조도 1점이 교토 고려미술관에 소장되어 있다.

박창규의 낙화 계보는 사촌 동생인 박복규(朴復珪, 1819~1859년), 박복규의 아들인 박진호(竹坡 朴鎭灝, 1842~?년), 손자 박병수(1858~?년)로 이어졌다.

일제 강점기에는 서울을 중심으로 낙화를 화화라고 많이 불렀고 낙화를 그리는 작가를 화화가(火畵家)라고 했다. 그런 가운데 화화회(火畵會), 낙화회(烙畵會) 등이 조직되어 왕성히 활동하기도 했다.

담양 낙죽

낙화 또는 화화는 주로 인두로 종이에 그린 그림이다. 이에 비해 낙죽은 인두를 이용해서 대나무 표면에 그림을 그리거나 글씨는 쓰는 것이다.

담양에서는 낙죽하는 것에 대해서 '낙(烙)지진다', '낙(烙)질한다', '낙(烙)을 놓는다'라고 하며, 낙죽의 대상은 현판에시부터 합죽신 속살이나 변죽(邊竹), 장죽(長竹), 쟁반, 화살대, 필통, 대나무합, 심지어 참빗 등대나 버선자 쪽에까지 놓아진 낙죽은 우리 조상의 꾸밈없는 미의식과 생활의 슬기가 그대로 어려있다.[160]

담양의 낙죽에 대해서는 야나기 무네요시가 1937년 5월 4일에 담양을 방문해서 쓴 글에서 잘 나타나 있다.[161]

그가 쓴 글을 요약하면 "진작부터 보고 싶었던 낙화 기술을 이 마을에서 볼 수 있었다. 납땜에 쓸 것 같은 굵고 짧은 인두로 미세한 선을 긋고, 교묘한 그림을 손쉽게 그리는 것에 놀라지 않을 수가 없었다. 오른손으로 인두를 잡고, 왼손으로는 대나무를 움직이면서 능숙하게 그림을 그렸다. 아무리 보아도 싫증이 나지 않았다. 꽃과 새와 물고기와 나무를 참으로 멋들어지게 그렸다"라는 내용이다.

---

160. 경향신문. 1979. 11. 14. 대를 잇는다, 보람에 사는 외길 인생 (46) 인두 하나로 대와 씨름 60년 낙죽 이동연 옹과 이형진 군.

161. 柳宗悦. 1938. 全羅紀行. 工藝 第82号.

낙죽은 참빗, 장죽(長竹), 합죽선 등 대나무 공예품의 장식과는 떼어 놓고 생각할 수 없는 것으로 대나무 공예품이 발달했던 곳, 발달했던 시기와 함께한다. 그것은 〈조선일보〉 1974년 2월 1일 '전승의 명장 (12) 낙죽장 담양 이동연 씨'라는 기사에도 나타나 있다.

이 기사에 의하면 당시 국가무형문화재 낙죽장(烙竹匠)인 이동연(李同連) 장인은 70세인데 17세 나던 해에 담양읍 만성(萬成)리의 명장 김원경(金元炯) 씨로부터 세습한 그의 아들 김양헌(金良憲)이란 노인으로부터 낙 놓기를 3~4년간 배워서 독립했다는 것이다.

1974년 당시 70세이므로 출생 연도는 1905년 정도가 되며, 17세면 1922년 정도 된다. 기사에 낙죽을 배운 동기로는 가세가 어려워 학교라곤 문밖에도 못 가보고, 다리가 성하지 못해 노동도 할 수 없어 낙죽을 배우게 되었다고 되어 있으며, 17세에 독립을 했다는 것을 통해 1920년대에 담양에서는 낙죽이라는 직업이 있었음을 알 수가 있다.

이동연 씨는 한창때는 나락 1섬에 6원 할 때 하루 낙(烙)을 지지면 2~3원도 벌었다고 한다.[162] 낙죽에 사용된 문양은 가장 흔한 속살 문양으로는 국화, 박쥐, 운문(雲文), 수복(壽福), 매화(梅花), 귀문(龜文)이다.

장죽이나 참빗 등대에 놓는 문양은 십장생, 국화, 산수(山水), 송학

---

162. 경향신문. 1979. 11. 14. 대를 잇는다, 보람에 사는 외길 인생 (46) 인두 하나로 대와 씨름 60년 낙죽 이동연 옹과 이형진 군.

(松鶴), 매화, 포도, 탑(塔), 난초, 사슴 등 무엇이든 흥에 따라 그린다. 낙질에 쓰는 인두는 'ㄱ'자(字) 꼴이다. 화로에 달군 인두를 오른손에 쥐고, 왼손과 왼발바닥으로 고정한 죽물에 지져간다. 물감이 아닌 불로 지지는 일이라 너무 까맣게 타 버려도 안 되고, 희끗희끗하게 설쳐도 곱지 않다.

선(線)에 오르내림이 있어서도 안 된다. 합죽(合竹)에 놓을 때는 신경을 더 써야 한다. 대를 풀로 붙인 것이라 인두의 불이 너무 달아도 그 사이가 벌어지니 불을 맞춰야 한다.

그러자니 화로에 꽂아 놓은 여러 개의 인두를 차례로 갈아 가면서 인두가 너무 달면 날리는 듯한 기분으로, 식은 듯하면 바꾸어 낙을 지진다. 오래 지지고 있노라면 인두에 댓진이 묻기도 하고 끝이 무디어져 가면 쇠줄로 쓸어가면서 일을 해야 한다.

담양에서 합죽선으로 유명한 배치안(裵致安) 장인이 만든 합죽선은 유명해 과거 이승만 대통령이 한꺼번에 200개나 주문했다고 하는데, 이 배치안 장인의 부채에 사용된 대살의 낙죽(烙竹) 또한 이동연 장인이 맡아서 했다.[163]

담양의 낙죽 기능은 1969년에 국가무형문화재 제31호 낙죽장(烙竹匠)으로 지정되었으며, 이동연(李同連) 장인이 기능보유자로 지정되었다. 이후 1987년에는 국양문(鞠良文) 장인이, 2000년에는 당시

---

163. 경향신문. 1966. 6. 6. 민예마을 (1) 담양의 죽세공.

순천에 거주하던 김기찬 장인이 기능보유자로 지정되어 기능을 전
승하고 있다.

김기찬 장인은 경기도 광주군 창곡리 출신으로 이동연, 국양문 장
인으로부터 낙죽을 전수받았으나 담양권과는 거리가 있는 지역에
서 활동하고 있다. 이러한 배경 등이 작용해 2009년에 전라남도 무
형문화재 제44호 낙죽장(烙竹匠)을 지정했고, 담양군에 거주하는 이
형진 장인과 조운창 장인을 기능보유자로 지정했다(그림 10-5).

그림 10-5. 전남 담양 이형진 장인이 낙죽을 한 공예품

4

담양 채상장

채상(彩箱)이란 대나무를 얇고 가늘게 쪼개서 여러 가지 색깔을 입혀 얽은 상자로 채죽상자(彩竹箱子)의 준말로 채협(彩篋)이라고도 한다. 한자로 채상은 '채상(彩箱)' 또는 '채상(綵箱)'이라고 적어 색색 상자이거나 비단처럼 고운 대(竹) 상자란 뜻을 글 자체에 담고 있다.

채상의 유래는 낙랑고분에서 발굴되었을 정도로 역사가 깊다. 고대 이래로 궁중과 귀족 계층의 여성 가구로서 애용되었고, 귀하게 여겨졌던 고급 공예품의 하나였다.

조선 시대에는 양반뿐만 아니라 서민층에서도 혼수품으로 유행하였으며, 주로 옷, 장신구, 침선구, 귀중품을 담는 용기로 사용되었다. 채상은 대자, 기스름, 보통, 피자, 태용 등의 종류가 있고, 또 삼합, 오합, 칠합 등이 있는데, 특히 죽공예가 발달한 담양의 채상은 잘 알려져 있다.

채상의 역사적 자료에는 서유구의《임원경제지》〈섬용지〉편 죽단

침에는 "알록달록한 대나무 바구니를 사용하여 옷 상자를 만드는데 전남 담양(潭陽) 사람들이 잘한다(用彩竹簞俗呼皮竹簞用以造衣箱子湖南潭陽人善爲之)"라는 내용이 있다.

조선 시대 후기 빙허각 이씨(憑虛閣 李氏)가 쓴 《규합총서(閨閤叢書, 1809년 발간)》에는 "부채는 남평과 옥과를 치고, 채죽상자는 담양, 활은 거제, 담뱃대는 동래와 부산을 쳐준다"라는 대목이 있어 조선 시대 때 담양은 유명한 채상 산지였음을 알 수가 있다.

채상 1벌을 만들자면 13번의 과정을 거쳐야 하며, 수만 번의 손질이 가야 한다. 먼저 '대썰기'를 한다. 통대를 2cm 길이로 톱질한 다음 대쪽이 1cm 너비로 될 때까지 계속 쪼갠다. 그런 다음 겉목치기를 하는데 이것은 쪼갠 대를 피대와 속대로 분리하고, 얇게 뜨는 작업이다.

다음 과정이 조름썰기이다. 나무 기둥에 V자형으로 칼날을 세운 조름 틀에 넣고 쪽대를 가늘고 얇게 깎은 다음, 입으로 한쪽 대 끝을 물고 칼질해서 다시 엷게 뜨고, 물에 담가 불리고 무릎에 대고 훑는다.

이 과정까지 끝나면 대쪽은 마치 종이처럼 얇아진다. 빨강, 파랑, 노란색 등으로 대에 염색을 하고 3번은 바깥으로, 3번은 안쪽으로 엮어가는 대쪽 겯기를 하면 함 형태가 된다. 그러나 이 상태로는 힘이 없으므로 똑같이 3홀 뜨기로 속 채상을 떠서 안쪽에 접착시킨 뒤 수장을 한다. 수장이란 대의 성질 센 것으로 테메우는 작업이다.

그런 다음 테 위와 상자의 모서리에 비단을 붙이고 상자 내부에는 창호지를 붙여 박속처럼 하얗게 장식한 뒤 십자(十字) 무늬를 중간중간에 넣으면 완제품이 된다. 이렇게 만들어진 채상 1벌에는 종이처럼 얇은 대쪽이 5천 올이나 들어가며, 대를 훑고 옅게 뜨는 과정에서 30~50%는 버리기 일쑤다. 그뿐만 아니라 칼질을 하다 보면 아무리 능숙해도 손을 베기 십상이고 곧장 앉은 채 작업을 해야 한다.

채상의 기능 또는 기증을 가진 사람을 채상장(彩箱匠)이라 하며, 전통 민속공예로서 그 가치가 높아 1975년에 담양의 채상은 국가무형문화재 제53호 채상장으로 지정되었으며, 담양에 거주하던 김동연(金東連) 장인(1897~1984년)이 채상장 기능보유자로 지정되었다.

김동연 장인은 열일곱 살 때부터 채상을 시작했다[164]고 하니 1914년부터 담양에서 채상을 한 것이다. 채상장 기능보유자는 김동연 장인에 이어 1987년에 담양의 서한규(徐漢圭) 장인이, 2012년에는 서신정 장인이 이어오고 있다(그림 10-6).

---

164. 동아일보. 1978. 5. 18. 新八道記 (33) 潭陽.

그림 10–6. 전남 담양 서신정 장인이 제작한 채상

5

부채

고문헌 속의 부채와 산지

부채는 '부치는 채'라는 말에서 유래된 것이다. 즉, '부치는 채'가 줄어서 된 말이다. 부채라는 이름의 역사는 오래되었다. 고려 시대 때 송나라의 손목(孫穆)은 《계림유사(鷄林類事)》에서 우리말의 부채를 표기하여 '선왈부채(扇曰孛采)'라고 했다.

또 16세기 조선 중종 때 최세진(崔世珍)의 《훈몽자회(訓蒙字會)》와 한호(韓濩)의 《천자문(千字文)》에는 '선(扇)'을 '부채션'이라 하였음을 보아 고려 및 조선 시대에도 부채라고 하였음을 알 수 있다.

부채의 역사는 동서양 모두 매우 오래되었고, 생산지도 많았다. 조선 시대 부채의 주요 산지는 대구, 나주(남평), 남원, 담양, 진주, 전주, 통영이었다. 그중에서도 전주와 나주 남평(南平)에서 만든 부채가 가장 질이 좋았다는 내용이 《동국세시기》 등 여러 고문헌에 나타나 있다.

여름을 지내는데 부채가 없어서는 안 될 만큼 중요히 여겨지던 시대에 나주 부채는 그 명성이 매우 드높았다. 지금은 그 명성을 아는 사람도, 나주에서 부채가 생산되었다는 사실을 아는 사람도 드물게 되었으나, 고문헌에는 나주 남평 부채가 최고의 부채로 기술되어 있다.

조선 후기의 학자 김만중의 문집《서포집(1702년 발행)》에는 "남평 부채(南平扇)가 동국(東國) 제일이다"라는 내용이 있다. 동국은 동방에 있는 나라라는 뜻으로 우리나라를 이르는 말이므로, 조선 최고의 부채라는 뜻이 된다.

조선 후기 실학자 이규경이 편찬한 백과사전인《오주연문장전산고(五洲衍文長箋散稿, 1850년대 발행)》에는 "남평의 부채를 제일로 친다(南平扇爲一國之第一)"라는 대목이 있다.

조선 태조 이성계의 조상과 조선을 건국하기까지의 과정을 적은《동국세시기(東國歲時記)》에는 "전주와 남평(南平)에서 만든 부채가 가장 질이 좋으며, 그중에서도 남평현(南平縣)에서 생산된 접는 부채는 천하일품이다"라고 되어 있다.

조선 후기 빙허각 이씨(憑虛閣 李氏)가 쓴《규합총서(閨閤叢書, 1809년 발행)》에는 "부채는 남평·옥과를 치고, 활은 거제, 담뱃대는 동래·부산을 쳐준다"라는 내용이 있다.

조선 순조 때 김매순이 쓰고, 사후 39년 만에 아들인 나주 목사 김

선근 등이 편집한 《열양세시기(洌陽歲時記)》, 조선 후기 문인 김려의
문집 《담정유고(潭庭遺藁, 1882년 간행)》와 《다산시문집(茶山詩文集)》 제6
권 시(詩) 〈송파수작(松坡酬酢)〉에도 남평 부채가 기록되어 있다.

　나주는 부채 명산지로 그 명성이 근대까지 이어왔음은 《보고의
전남(寶庫の全南, 1913년 발행)》에도 기록되어 있다. 〈광주신보(光州新報)〉
사장 가타오카 하카루(片岡議)가 전남의 각 지역 상황을 소개하기 위
해 편찬한 이 책에는 남평의 원선, 부채, 칠기를 소개해 놓았다. 이
외에 근대에 발행된 다수의 신문에는 부채 명산지로 나주를 소개해
놓았다.

《별건곤》 속 부채 명산지, 나주와 담양

　《별건곤(別乾坤)》은 1926년 천도교의 개벽사(開闢社)에서 취미와 가
벼운 읽을거리를 위하여 창간한 월간지이다. 1934년 7월 1일에 9권
6호, 통권 74호로 종간되기까지 '조선은 어디로 기니?', '조선 자랑
호', 한용운, 이상협 등의 '생활개선안' 등 단순한 취미 잡지 이상의
기사가 실린 잡지였다.

　《별건곤》에는 부채 명산지로 나주와 담양이 소개되어 있다. 그것
은 제14호(1928년 7월 1일 발행) 춘천 출신 차상찬 작가가 송작(松雀)이
라는 필명으로 쓴 '붓채와 애첩(愛妾)'이라는 글에 등장한다. 《별건

곤》에 나타난 '붓채와 애첩'에는 다음과 같은 내용이 있다.

"녯사람은 붓채를 사랑하는 첩(妾)에다 비하얏다. 그러나 아모리 사랑하는 하이카라 첩이라도 찌는 듯이 더운 녀름 날에 단 한 시간만 붓채처럼 갓차이 하야 보와라. 향내보다도 땀내가 더 나고 쾌감(快感)보다도 답답증이 더 만흘 것이다.

더군다나 밧갓 출입할 때에 첩을 붓채처럼 손에다 꼭 붓잡던지 품속에다 끼고 다닌다고 하면 비록 동부인이 류행하는 이 시대라도 남이 다 웃고 자긔도 또 한괴로워 견듸지 못할 것이다.

붓채는 친할수록 시원하고 상쾌하며 품속에 느어도 실치 안코 손에 잡을사록 정이 붓는다. 산아운 더위를 쫏고 청량(淸凉)한 바람을 주며 타는 햇빗을 가리우고 모긔, 파리 등을 다 모라낸다. 잠자는 민중을 깨워주고 고적한 사람을 위로하여 준다.

담장과 양산 손주머니가튼 새 류행의 수대품(手帶品)과 정사(情死)를 하랴는 소위 '모던뽀이'와 '모던껄'이라도 녀름 날에 붓채와는 그보다도 더 정이 깁허 양산도의 노랙까락과 가티 열네 번 죽으면 죽엇지 참아 못 놀 것이다.

던풍선(電風扇) 바람에 힉힉 늣기여 삼복(三伏) 지경에도 춥다 소리를 하는 뿔송아지 가정에서도 붓채는 그다지 괄세치 못할 것이다. 그럼으로 나는 붓채를 첩(妾)에다 비하느니 보다 오히려 민중의 은사(恩師)요 구세주라고 존호(尊號)를 주는 것이 올타고 생각한다.

　(중략)

산지(産地)로 말하면 전라도의 전주(全州), 남원(南原), 나주(羅州), 담양(潭陽)과 경상도의 대구(大邱), 진주(晋州), 통영(統營) 등이 다 저명하지만은 그중에서도 명산지오 품산(品産)은 전주(全州), 나주(羅州), 담양(潭陽)이다.

서울 시중에서 고가를 부르고 잇고 외국으로 수출되야 조선의 공산계(工産界)를 빗나게 하는 것도 이 몇 군(郡)의 것이다. 엇던 서양 사람은 조선의 구경을 하고 가서는 엇던 잡지에 발포하기를 조신은 붓채의 나라라고 하였다. 붓채를 잘 가지지 안는 서양 사람으로는 용혹 무괴한 일이다."

차상찬 작가는 이 글에서 나주, 담양, 전주를 부채의 명산지이자 조선의 공산계를 빛나게 하는 군(郡)이라고 했다. 이 잡지가 1928년 7월 1일 발행되었다는 점을 감안하면 1920년대까지만 해도 전남 나주와 담양은 부채의 명산지 중의 명산지였음을 알 수가 있다.

나주 금성선

나주 부채의 유물을 찾아보면 나주공예품제작소가 인쇄된 금성선(錦城扇, 금성 부채)을 어렵지 않게 찾을 수 있다. 금성선은 형태나 제작 기법의 유형에 따라 분류한 명칭이 아니고, 금성 부채라는 뜻의 금성선이 부채에 쓰여 있거나 인쇄된 것이다(그림 10-7).

금성(錦城)은 나주의 옛 이름이다. 지금도 나주에는 금성이라는 단어를 여러 곳에 사용하고 있으며, 금성산(錦城山)이 있으므로 금성선은 나주 부채라는 뜻이 된다. 이를 뒷받침하듯 금성선이라는 글씨가 있는 근대의 부채에는 대부분 나주공예품제작소라는 글씨가 함께 있다.

금성선의 부채유물은 국내뿐만 아니라 일본에도 많이 있는 것으로 보인다. 종류는 현재 발견된 모두 오엽선(梧葉扇)이다. 오엽선은 오동나무 잎사귀 모양으로 만든 부채로 부챗살의 머리 부분의 댓살이 구부러져 있는 것이 특징이다. 금성선의 그림은 조선의 풍속화와 전국 명승지가 그려져 있거나 인쇄되어 있다. 이와 같은 특성에서 몇 가지 내용을 유추할 수 있다.

첫째는 현재까지 발견된 것들이 모두 단선인 오엽선으로 모양이 같다는 것은 공장에서 대량 생산되었음을 의미한다. 발견된 유물을 보면, 부채의 그림을 제외하면 크기나 모양이 대부분 유사해 그러한 가설을 뒷받침한다.

둘째는 부채에 인쇄되거나 그려진 그림이 한국을 대표하는 명승지라는 점에서, 한국뿐만 아니라 수출용으로 제작되었음을 추정케 한다. 당시에 나주 대비와 부채는 주요 수출품이었다. 현재 금성선 유물이 일본 등지에서 많이 발견되는 것도 이러한 가설을 뒷받침한다고 할 수 있다.

셋째는 금성선이라는 글씨가 있는 부채에는 대부분 나주공예품

제작소라는 글씨가 있는 점으로 보아 '금성선'은 나주공예품제작소에서 생산한 부채의 브랜드라 할 수 있다.

　나주공예품제작소라는 글씨는 없고 금성선이라는 글씨만 있는 부채도 일부 있으나 이것들도 오엽선이며, 부채의 그림이 나주공예품제작소에서 제작한 것과 매우 유사해 제작 시기 차이에 의해 나주공예품제작소라는 글씨가 없는 것으로 추정된다.

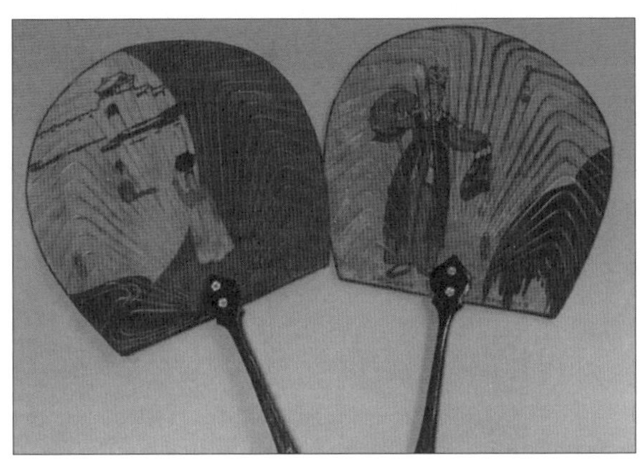

그림 10-7. 나주공예품제작소에서 만들어진 부채인 금성선

　한편, 일본의 골동품 경매거래 사이트에서는 금성선이 자주 거래되고 있는데, 이것은 일제 강점기에 나주부채가 주요 수출상품이었던 것과 관련이 깊다.

　1937년 6월 3일 〈동아일보〉의 '견본시주효(見本市奏效)'라는 제목의 기사 부제목은 '10여만 원 초주문, 해태를 위시 죽제품 금성선 등'인데 그 내용은 다음과 같다.

"전남에서는 금년에 새로 설치된 상공과에서 4월 말에 다수의 특산품을 갖고 만주로 파견되어 대련(大連), 봉천(奉天), 신경(新京), 함이빈(哈爾賓, 하얼빈), 안동(安東) 등 5개 도시에서 견본시를 개설하고 각지 유력업자를 초대하여 의견 희망 등을 청취했다. 전남 특산인 죽제품, 금성선(錦城扇) 외 십 수건을 주문받아 10여만 원이 된다."

이 신문 기사의 부제목에 등장하는 금성선은 금성 부채라는 뜻이다. 금성은 나주의 옛 이름이며, 일제 강점기에 생산된 금성선에는 대부분 '나주공예품제작소'라는 글씨가 있다.

나주공예품제작소는 앞에서 소개한 것처럼 1913년에 설립되었으며, 나주 굴지의 부호 20명으로 설립된 공예품 및 미술품 조합으로 조합장은 조선 사람이, 이사는 일본 사람이 맡았다. 운영비는 조합 제작품의 판매 이익과 지방비 보조비에 의했다.

나주 부채의 쇠퇴

조선 시대 나주는 최고의 부채 산지였음이 여러 문헌에 나타나 있다. 그 명성은 일제 강점기 때도 이어져 왔으나 1930년대 이후에는 쇠퇴의 길에 들어섰음이 당시의 신문 속에 나타나 있다.

관련 기사로 〈동아일보〉 1931년 6월 3일 '나주선자럼 공동판매제 실시'라는 제목의 기사에는 "전남 나주에는 부채(扇子), 발(簾) 등 견고 미려한 특산물이 있으나 현대적인 기계에 의한 산품이 아니요 수공품이므로 이익이 박하고 판로가 매우 적다. 그래서 기계화가 되지 못해 생산성이 낮다는 것을 지적하고 동시에 그 대책으로 나주협동상회(羅州協同商會)에서 부채와 발을 공동 판매하고 있다"라는 내용이다.

〈동아일보〉 1931년 10월 21일 '조선에 굴지한 나주렴선죽추업'이리는 기사에도 다음과 같이 쇠퇴 배경이 잘 나타나 있다.

"전남 나주의 특산물인 발(簾), 부채(扇), 대비(竹箒) 등은 전 조선 각지는 물론 외국에도 다수히 수출됨은 일반이 다 아는 바인데, 근일에 이르러서는 그 직업이 떨치지 않는 동시에 거기에 생활을 의지하고 있는 일반산업가들은 생활이 곤란하게 되었다.

그 이유를 들으면 그 제품은 원래 가난한 사람들이 극히 소규모로써 시작하는데, 자금이 항상 부족함으로 자본가에게서 고리로 자금을 융통하게 되어 이익이 적은 동시에 다량 생산이 못됨으로 판로를 확장하지 못하고 있는데, 수년래에는 모 일본인이 그 업을 독점해서 전 조선의 판매 구역을 정하고 판매하는 중이다.

전기 독점자(일본인)는 생산자로 하여금 조합식으로 단체를 조직하게 해서 대비 한 개에 5전씩 떼여 저금을 시킨 후 그 저금은 만일 다른 곳에 제품을 판매하는 등 규칙 위반자에게는 찾지 못한다는 규정이 되어있음으로 우민들은 그것을 겁내어 시가 여하를 막론하고 정해놓은 저금 때문에 그 일본인에게 팔게 된다. 새로 나온 제조자는 반드시 조합원이 되어야 그곳에 제품을 팔게 되는 규정임으로 자연 관계를 맺게 되어있다 한다.

이러한 모든 관계로 제조자는 점점 줄어들고, 현재 이 직업에 종사하는 사람도 생활을 유지할 수 없는 처지이나 이를 보호할 하등의 기관이 없으므로 그 장래가 매우 우려된다고 한다."

위의 내용을 요약해 보면 1931년대 나주의 부채를 비롯해 발(簾)과 대비(竹篦) 등의 죽공예품은 우리나라 각지는 물론 외국까지도 많이 수출될 정도로 유명 특산물이었으나 수공예품이어서 현대적인 기계에 의한 산품에 비해 생산성이 낮았다는 점, 유통 측면에서 일본인의 독점에 의해 이익률이 낮고 판로의 어려움 때문에 종사자들이 줄어들었음을 알 수 있다.

나주 부채 산지, 남평과 석정리

조선 시대 부채의 명산지 중 남평현(南平縣, 현재 나주시 남평읍)은 빼놓을 수 없는 곳이다. 남평현은 전라남도 나주군 남평읍과 그 주변을 포함하던 옛 행정 구역이다. 1914년 나주군에 편입되었으며, 신라 시대 때 지명은 현웅(玄雄)이다.

남평이 부채 명산지로 소개된 것은 시기적으로 조선 후기 학자 김만중의 시가와 산문을 엮어 1702년에 간행한 시문인 《서포집》에

"남평 부채가 동국의 제일이다"로 소개되어 있다(표 10-2).

충남 공주(公州)의 유학자인 이병연(李秉延)이 1910년부터 1937년까지 100여 명을 동원해 12년 동안 전국 13도 229개 군 가운데 129개 군을 직접 조사하여 편찬한 백과사전적인 지리서인《조선환여승람(朝鮮寰輿勝覽)》에는 "남평군은 1914년 남평면으로 변경되어 나주군에 속하게 되었다. 특산품으로 선자(扇子)가 있다"라고 소개되어 있다.

부채 산지로 유명한 곳이라면 일제 강점기 때까지 마을 단위로 만들었거나 부채 제조 공장 또한 존재했을 가능성이 있다는 생각에 2017년 연말에 남평읍을 중심으로 각 마을의 노인당을 방문하

표 10-2. 고문헌에 나타난 나주 남평 부채

문헌	시기	내용
서포집(西浦集)	1702년	남평 부채가 동국의 제일이다.
규합총서(閨閤叢書)	1809년	부채는 남평, 옥과를 친다.
동국세시기(東國歲時記)	1849년	남평현에서 생산된 접는 부채는 천하일품이다.
오주연문장전산고	1850년대	감영(監營)과 병영(兵營)165에서 만든 부채 외에 남평의 부채를 제일로 친다.
열양세시기(洌陽歲時記)	1882년	남평 부채가 기록되어 있다.
조선환여승람	1937년	1914년 남평면으로 변경되어 나주군에 속하게 되었다. 특산품으로 선자(扇子)를 소개하고 있다.

---

165. 조선 시대 병마절도사가 있는 영문(營門)으로 첨절제사(僉節制使), 제사(提使), 절제도위(節制都尉) 등을 감독했다.

여 어르신들께 어릴 적에 부채 만드는 것을 보셨는지 유무를 조사했다. 특히 대나무가 많은 마을을 집중적으로 조사했으나 마을 단위 혹은 부채를 만들었던 공장을 보았다는 고령자들은 없었다.

고령자들의 연령, 1910~1930년대 신문 등을 살펴보면 나주가 부채 명산지이자 많은 부채를 생산했다는 기사가 많았다는 점을 감안하면, 근대의 부채 산지는 남평이 아니라 다른 곳인 것이 분명했다. 이후 추가 조사에서는 1913년에서 설립된 나주공예품제작소와 나주시 석현동 석현마을에서 부채를 생산한 것으로 나타났다.

석현마을(현재는 석정마을)은 고령자들에 의하면 "옛날에는 돌고개라고 했는데 영산강을 끼고 있어서 강물이 자주 범람했다. 농토가 적었고, 수해로 농사를 지을 수가 없어 마을 사람들 전체가 먹고살기 위해 부채를 만들었다"라고 했다.

또 "1980년대에 석현마을에서 부채를 만들었던 곳은 없었으나 나이 많은 분들은 모두 다 부채 만드는 기능을 갖고 있었다"라고 제보를 해주었다.

2018년 초에 석정마을과 인근의 마을 노인당을 대상으로 나주 전통 부채에 관해 조사를 했다. 그 결과 석정마을에서 태어나 자란 이○순 씨[166]는 어릴 적에 마을의 10여 가구가 부채를 만들었다고 했다. 석정마을 노인정에서 만난 어르신 중 석정마을이 친정인 사람

---

166. 이○순(1934년생). 2018. 1. 29. 나주시 석정동 석정마을 노인정에서 인터뷰.

은 두 분이었는데, 두 분 모두 어렸을 때 부채 만드는 것을 보았다는 응답을 하셨다.

돌고개(석현마을)가 친정이라 밝힌 나○순 씨[167]는 "열 살이 될 때까지 같은 마을의 고모 집에서는 부챗살을 만들어 팔기도 했으며, 단선(團扇, 둥근 부채)도 만들었다"라고 했다. 나○순 씨는 과거 고모 집에서 만들었던 부채에 대해서는 그림으로 그려서 설명해 주셨는데, 오엽선과 태극 문양의 부채였다.

이○순 씨[168] 또한 석정마을이 친정이라고 했는데, "대나무 살을 국수처럼 가늘게 뽑아서 판매했던 집이 열 집 정도 되었다"라고 했다. "부채에 사용할 대나무 살은 양철때기 같은 것에 구멍을 뚫어 놓고, 대나무 살을 그것에 넣고 뽑아냈다"라고 했다. "마을에서는 부챗살만 만들어 팔거나 부채를 만들어 팔기도 했는데, 대나무를 구부려서 부채에 이용했다"라는 설명을 고려할 때 당시의 부채는 곡두선으로 추정되었다.

석정마을 인근의 청동마을 박○례 씨[169]는 "열일곱 살에 청동마을로 시집왔는데, 석정마을에서 부채 자루, 부챗살을 비롯해 접부채(합죽선 등), 태극부채, 네모 부채 등 다양한 종류의 부채를 만드는 것을 보았다. 특히 석정마을의 박○민 씨의 할아버지와 아버지가 만

---

167. 나○순(1942년생). 2018. 1. 29. 나주시 석현동 석현마을 노인당에서 인터뷰.
168. 이○순(1934년생). 2018. 1. 29. 나주시 석현동 석현마을 노인당에서 인터뷰.
169. 박○례(1931년생). 2018. 1. 29. 나주시 청동 노인회관에서 인터뷰.

들었는 데, 남편이 그 집에서 부챗살 만드는 데 사용하는 칼을 얻어 와서 이용했다"라고 제보해 주었다.

청동마을의 한○덕 씨[170]는 "남평읍 반계리에서 청동마을로 시집 왔는데, 석정마을 방죽 옆의 큰 집에서 부채 만드는 것을 보았다. 석 정마을에서는 부채뿐만 아니라 삿갓도 만들었다"라는 제보를 해주 셨다.

이와 같은 제보를 종합해보면 석정마을에서는 나주 전통 부채의 제작기술이 전승되어 온 곳으로 1950년대 중반까지는 여러 가정에 서 부채와 삿갓 등 죽공예품을 만들었음을 알 수가 있다.

부채 제작 작업은 남자들이 주로 대나무를 자르고 살을 만드는 작업을 했으며, 여성들은 부챗살을 고르는 등 가족 전체가 전업으 로 했던 가정이 존재했었다. 도구는 부채를 만드는 전용 칼과 부챗 살 만드는 도구 등이 있었음을 알 수가 있다.

석정마을에서 죽공예품은 주로 부챗살을 대량으로 만들어 어딘 가에 납품했던 것으로 추정되며, 접선, 곡두선(오엽선), 태극선 등의 다양한 종류의 부채를 소량씩 만들어 판매했던 것으로 추정된다. 그리고 1960년대 이후는 상업적 및 전업적인 부채의 생산은 중단 된 것으로 결론지을 수가 있다.

따라서 조선 말까지는 남평이 부채 생산의 중심지였다면 일제 강

---

170. 한○덕(1939년생). 2018. 1. 29. 나주시 청동 노인회관에서 인터뷰.

점기 때는 나주읍성 주변으로 부채 생산지가 옮겨졌던 것으로 추정
된다.

나주 부채 전업 장인

조선 최고로 명성 높았던 나주 부채의 전승은 끊겼다는 주장이
많다. 그 말은 옳기도 하고 그르기도 하다. 그 말이 옳은 것은 나주
부채를 업으로 해 오던 공방은 없어졌다는 점이다. 그 말이 그른 것
은 전통적으로 만들어 왔던 기술의 전승 보유자는 생존해 있다는
점이다.

천년 혹은 적어도 수백 년을 이어왔던 나주 부채의 전업 공방은
1980년대에 맥이 끊겼다. 마지막까지 부채 공방을 했던 이는 고 김
홍식(金鴻植) 장인이다.

고 김홍식 장인이 나주 부채의 기능 전승자임은 문화공보부(현재
문화체육관광부)에서 1969년에 발간한 《한국민속종합보고서》에 나다
나 있다.

이 보고서에는 "나주읍 서내동 전승자 김홍식(남, 53세)은 이 지방
선방(扇房, 부채 공방)의 최연장자 격인 모기남(牟基南, 80세, 생존) 씨에게
일을 배웠고, 중년부터 생업으로 삼아왔다"라는 내용이 있어 전승
계보가 나타나 있다.

공방에 대해서는 "나주읍 서내동 771번지 납작한 기와집 뒷결의 조그만 작업장에서 소동(小童)을 하나 데리고 일한다. 작업장에선 대를 저르고 굽은 살을 휘는 일만 할 뿐, 종이를 붙이는 일은 가족 중 부녀자(婦女子)가 방, 마루서 일한다. 곧 집안이 모두 작업장인 셈이다"라고 해서 집 자체가 공방으로 사용되었고, 분업화되었음을 알 수 있다.

공방의 수와 수입에 대해서는 "근래의 일반 미선처럼 염가다량(廉價多量) 생산이 안 되는 세공업이므로 아주 쇠퇴, 나주 인근에서 단 한 집이 명맥(命脈)을 유지하고 있을 뿐인데 그것도 연간 1천 개도 소비하지 못하는 실정이다. 가격은 김씨가 내는 값이 15원, 당지(當地) 소매가는 30원이다"라고 해서 나주에서 부채 공방은 1개이며, 연간 수입은 15,000원 정도 됨을 알 수 있다.

품질에 대해서 《한국민속종합보고서(1969년 발간)》에는 "제품은 아주 조잡한 편이다. 살은 굵고 성글며 바대 용지도 백로지(白露紙), 선면지는 일산(日産) 롤지로 대용하여 손쉽게 처리(니스)로 윤택을 내고 있다. 자루의 소나무조차 거칠기 짝이 없고 아구가 헤벌어지게 텄다. 야무진 데가 없이 투박한 제품인데 격식을 다 갖추면 수지(收支)가 안 맞는다는 대답이다"라고 기록되어 있다. 제품은 조잡하나 그 원인은 수지 때문이라는 것을 알 수가 있다.

나주부채를 조사하여 수록한 《한국민속종합보고서》는 1969년에 발행되었다는 점을 감안하면 이미 이 시기에 사업으로서 공방 운영이 매우 어려웠음을 알 수 있는데, 김홍식 장인은 1980년대 초까지 공방을 운영하다가 1984년에 작고했다. 이로써 최소한 수백 년을 이어온 나주부채의 전업 공방은 사라지게 되었다.

그러나 기술은 살아 있다. 고 김홍식 장인이 사용하는 부채 자루를 만들어 주면서 나주 전통부채와 인연을 맺었던 소반장 김춘식 장인은 과거 부채를 만들었던 석현마을 제당숙 아들인 고 김낙균(金洛均, 1919년생으로 김낙천으로 불림) 형님을 영산포 집으로 모셔와 부채 제작기술을 배웠다.

김춘식 소반장은 부채 손잡이를 만든 경험과 과거 친형님이 나주 반남면 신촌리에서 대바구니 공장을 하였을 때 대나무를 쪼개고 바구니 살을 깎았던 경험을 살려 부챗살을 만드는데 적용했다.

부채를 만드는 과정에서 종이를 붙이기도 상당히 까다로운데, 그에 대한 노하우를 배웠다. 그리고 그 기술을 적용해서 만들고 있으며, 제작된 곡두선 등의 부채는 국가무형문화재 제99호인 소반장 전수관에 전시되어 있다.

도쿄국립박물관의 나주 부채

나주 태극선

일본 도쿄박물관은 일본에서 가장 오래된 역사를 자랑하는 국립박물관이다. 1872년에 시작된 이 박물관의 소장품은 약 12만 건(이 중 일본 국보 89건, 일본 중요문화재 648건, 2021년 3월 말 기준)으로, 질과 양 모든 면에서 일본 제일의 컬렉션이며, 일본미술과 동양미술, 고고 유물 등 다양한 문화재의 수집, 보존, 수리, 관리, 전시, 조사연구, 교육 보급 활동을 전개하고 있다.

일본 도쿄국립박물관에는 한국의 유물이 많이 있는데, 19세기 말 또는 20세기 초에 제작된 것으로 추정되는 한국 부채도 여러 점 소장하고 있다.

이들 부채 중 경주산은 경주 취미선(鷲尾扇)이고, 전주산은 파초엽선(芭蕉葉扇)이며, 경남 고성(固城)산은 동엽미선(桐葉尾扇)이다. 그리고 나주산은 국기선(國旗扇, 태극기 부채)과 나주 태극선(羅州太極扇)이다. 즉, 나주에서 생산된 것만 유일하게 태극과 태극기 문양이 있는 부채이다(그림 10-8).

일본 도쿄국립박물관에는 또한 나주에서 생산된 황칠이 된 오엽선(桐葉扇)도 소장하고 있는 등 나주에서 생산된 부채가 가장 많아 의미가 깊으나 무엇보다도 특히 태극선이 있다는 것은 특별한 의미가 있다.

태극 사상은 원래 중국의 태극도설(太極圖說)과《주역(周易)》의 해설에서 나온 것으로, 태극은 우주의 생성 원리를 상징한 것으로 적색은 존귀와 태양을 의미하며, 청색은 희망을 의미한다.

태극 사상은 일찍이 우리나라에도 전파되어 태극을 하나의 문양으로 삼아 애상(愛賞)하고 여러 곳에 사용해 왔는데, 태극선(태극 문양 부채)도 이의 하나이다.

조선 시대 단오 때는 태극선이 왕에게 진상되었다. 재료로는 살을 만드는 대나무와 태극무늬의 비단 헝겊 및 손잡이를 고정하는 사복 장식 등이 있다. 태극선은 여러 공정을 거쳐 완성되는데, 도쿄국립 박물관에서 소장하고 있는 한국 부채 중 나주에서 제작된 것만 유일하게 태극선이다.

태극은 우주의 원리를 나타내는 것으로 음과 양은 우주를 상징하는 원 속에서 움직이면서 만물을 생성한다. 음과 양은 푸른색과 붉은색으로 표시하는데 태극선에는 주로 황색을 포함한 세 가지 색을 사용한 삼태극(三太極)이 사용되었다.

도쿄국립박물관이 소장하고 있는 나주산 부채도 삼태극이며, 태극기 부채의 경우 사괘는 시계 방향 기준으로 건(乾), 리(離), 곤(坤), 태(兌)로 되어 있어 태극기의 표준 사괘는 물론 1800년대와 1900년대의 여러 태극기에 나타난 것과 다른 특징을 갖고 있다.

이러한 특징은 과거 나주에서 생산된 나주부채의 특성을

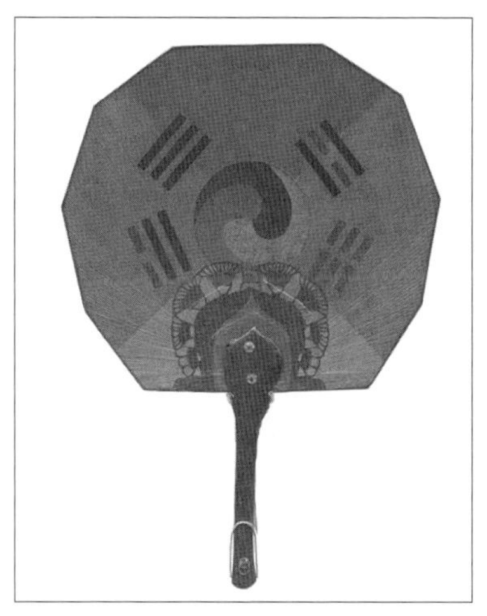

그림 10-8. 일본 도쿄국립박물관 소장 나주산 삼태극선

아는 데 유용할 뿐만 아니라 광주학생독립운동 진앙지인 나주의 애국정신은 물론 태극기와 관련된 스토리텔링의 자원적 가치가 높다고 할 수 있다.

나주산 태극선과 금성주

일본 도쿄국립박물관의 소장품 중에는 나주에서 생산된 태극선이 있다. 태극선 중에는 부챗살에 종이 대신 비단을 붙이고, 태극 문양과 꽃을 수놓은 것이 있다(그림 10-9). 조선 말 전후에 제작된 것으로 추정되는 이 부채는 단선에는 보통 종이를 붙여 사용한 것과는 달리 비단이 사용되었다. 비단을 사용한 것 외에 태극 문양과 꽃 자수가 있는 특별한 부채다.

과거 나주에서 생산된 부채에 비단이 사용되었다는 것은 나주 특산물의 하나였던 비단과 무관하지 않은 것으로 보인다. 나주가 비단 산지로 유명했음은 1930년 3월 14일 〈동아일보〉의 '산견 1만석(山繭一萬石) 축하회 준비'라는 기사에서도 찾아볼 수 있다.

당시 기사에는 "전남 나주 지방은 기후나 풍토가 잠업(蠶業)에 가장 적당하여 예로부터 금성주(錦城紬)의 명산지로 유명한 것은 역사상으로 현저한 사실인 바 근년에 이르러 더욱 연구를 가한 바 일반 잠업 농가에는 실로 예상 이외의 생산고를 보게 되었다. 나주군농회에서는 산견(山繭) 1만석 돌파 축하회를 래 20일 오전 10시에 성대히 거행하리라 한다"라는 내용이 있다.

〈동아일보〉 1930년 9월 21일 '나주 특산품 일체 개량 제조'라는 기사에는 "전남 나주협동상회(羅州協同商會)는 지방 청년의 발기로 창립되어 이래 각종 일용잡화를 각 원산지로부터 직수입하여 염가 판매를 하여 왔으므로 그 성과가 자못 높아진 바 금번은 고래로 유명하던 나주 특유의 각종 물산을 개량 제조하여 사회에 선전하며 원방 주문에도 수용한다는데 그 취급물은 다음과 같다. 칠반, 죽렴, 선자(扇子), 진소(眞梳), 생간(生竿), 금성주, 죽추, 인삼, 기타 죽공예품 및 목물각종"이라는 내용이 있다.

이 기사에는 나주 특산으로 익히 알려진 부채(扇子), 나주반(漆盤), 대발(竹簾), 대빗자루, 죽공예품, 목물(木物) 외에 참빗(眞梳), 죽순(生竿), 인삼과 함께 금성주가 소개되어 있다. 위의 특산물 중에서 금성주는 나주의 옛 이름인 금성(錦城)에서 견사(絹絲)를 사용하여 짠 직물(紬)을 말하는 것으로 '나주 비단'이라는 뜻이다.

나주 비단은 생소한 것은 아니다. 나주에서는 예부터 양잠업이 발달했던 것은 그동안 많이 알려져 있다. 1910년에는 나주에서 여성들의 잠업을 장려하기 위해 나주잠업부인회(羅州蠶業婦人會)가 설

그림 10-9. 부챗살에 종이 대신 비단을 붙인 나주산 부채(일본 도쿄국립박물관 소장품)

립되었다.

일제 강점기에는 나주마염잠종제조소(羅州馬淵蠶種製造所), 제사(製絲)공장 등이 설립 운영되는 등 전남의 최대 산지였다. 지금도 근대 유물인 구 나주잠사(羅州蠶絲)가 새로운 문화예술 공간인 '나주 나빌레라 센터'로 탈바꿈한 채 과거의 영화로웠던 나주 잠사(蠶絲) 문화를 대변해 주고 있다.

따라서 도쿄국립박물관의 소장품인 비단으로 제작된 나주산 태극부채는 과거 나주의 특산품인 부채와 함께 금성주가 결합한 것이라 할 수 있다는 점에서 의미가 남다른 부채이다.

나주 오엽선과 나주읍부채상회

일본 도쿄국립박물관에서는 나주에서 생산된 여러 종류의 부채를 소장하고 있다. 소장품은 조선 후기 및 그 이후에 생산된 것들까지 있는데, 그중에는 오동나무 잎사귀 모양으로 만든 부채인 오엽선(梧葉扇)도 있다.

도쿄국립박물관의 소장품 자료에 의하면 나주산 동엽미선(桐葉尾扇)이라는 것을 소장하고 있다. 이것의 제작지는 한국 전라남도 나주이며, 제작 시기는 20세기이다. 부채의 최대폭은 28.5cm이며, 기증자는 유모토 마모루(湯本衛) 씨이다.

부채에는 "나주읍둥근부채상회라는 뜻의 나주읍단선상회제품(羅州邑団扇商会製品)이라는 글씨가 있다. 부채의 종이에는 들기름이 발라져 있는 것이 특징이다"라고 기술되어 있다.

소장품 설명 자료를 볼 때 이 오엽선은 1931년 연말 이후에 만들어진 것으로 추정된다. 나주면이 나주읍으로 승격된 것은 1931년 11월 1일인데, 부채에는 '나주읍단선상회제품'이라는 글씨가 있으므로 나주읍이 생기고 나서 만든 부채임을 알 수가 있다.

나주에서 제작된 오엽선 유물 중에는 나주공예품제작소제(羅州工藝品製作所製)라는 글씨와 금성선이라는 글씨가 있는 오엽선이 있는데, 나주공예품제작소는 1913년에 설립되었다. 그러므로 대체로 '나주공예품제작소제'라는 글씨가 있는 것들이 시기적으로 앞선다고 판단할 수 있으나 반드시 그렇지는 않다.

1937년 6월 3일 〈동아일보〉의 '견본시주효(見本市奏效)'라는 제목의 기사 부제목은 '10여만 원 초주문, 해태를 위시 죽제품 금성선 등'이다. 1930년대 후반에도 나주공예품제작소에서 만든 금성선 부채가 여전히 대량 생산되어 수출되었음을 알 수 있기 때문이다.

〈동아일보〉 1931년 6월 3일 지면에는 나주협동상회(羅州協同商會)에서 부채와 발을 공동 판매하고 있다는 내용이 있다. 1939년 4월 16일 〈조선일보〉에는 영산포산업조합(榮山浦産業組合), 나주산기공예품제작소(羅州山崎工藝品製作所)의 생산품이 만주로 수출되었다는 기사가 있다.

이러한 기사 등을 고려할 때 국립도쿄박물관의 소장품인 동엽미선(桐葉尾扇)에 표기된 나주읍단선상회제품(羅州邑団扇商会製品)이라는 글씨는 생산 시기뿐만 아니라 당시 나주에서 부채를 제작해서 판매하는 곳이 많았고, 생산이 활발하게 이루어졌음을 나타내는 징표라 할 수가 있다.

"부채의 종이에는 들기름이 발라져 있는 것이 특징이다"라는 도쿄국립박물관의 소장품 설명에서도 동엽미선이 대량 생산된 것임을 알 수 있다. 일부 문헌에 의하면 조선 후기에 나주에서 생산된 오엽선 중 고급 부채에는 완도 보길도산의 황칠(黃漆)이나 삼씨를 짜서 만든 기름인 삼씨기름(麻油)을 사용했다는 기록이 있기 때문이다.

따라서 도쿄국립박물관의 소장품인 동엽미선과 부채에 표기된 '나주읍단선상회제품'이라는 글씨는 영화로웠던 나주부채의 단면을 보여주는 징표이자 유물이라 할 수 있다.

대영박물관의 조선 시대 나주산 부채

대영박물관(British Museum, 英國博物館)은 1753년에 설립된 세계 최대 규모의 박물관이다. 영국 런던에 있으며, 세계 각 문명권의 역사 유물과 민속 예술품 800만 점 이상을 소장 및 전시하고 있다.

대영박물관의 소장품 중 한국의 유물은 7~8세기 통일신라시대 불상, 13세기 고려청자, 조선 후기 백자, 18세기 김홍도(金弘道)의 '풍속도첩(風俗圖帖)' 등이 있으며, 조선 시대에 나주에서 생산된 부채 5점도 소장하고 있다. 대영박물관에서 소장하고 있는 나주산 부채는 태극선(太極扇) 1점, 까치선(鵲扇) 1점, 단선(團扇) 1점, 곡두선(曲頭扇) 2점이다(그림 10-10).

태극선은 조선 시대에 전남 나주에서 만든 부녀자용 부채이다. 태극 문양이 있으며, 손잡이는 옻칠이 되어 있고, 꽃지가 없는 것이 특징이다. 크기는 높이 35cm, 폭 23.40cm, 무게는 55g이다. 1894년에 벙커(D.A. Bunker)라는 사람이 박물관에 기증해서 소장하게 되었디.

까치선은 조선 시대에 전남 나주에서 만든 부채이다. 선두가 둥근 형태로 부채 면을 대각선으로 나누어 색지를 바르고 중앙에 청홍황색의 태극 문양이 있다. 검은색 국화 꽃지를 대고 자루에는 흑칠이 되어 있다. 크기는 높이 34.5cm, 폭 24.60cm, 무게는 60g이다. 1894년에 벙커(D.A. Bunker)라는 사람이 박물관에 기증해서 소장하

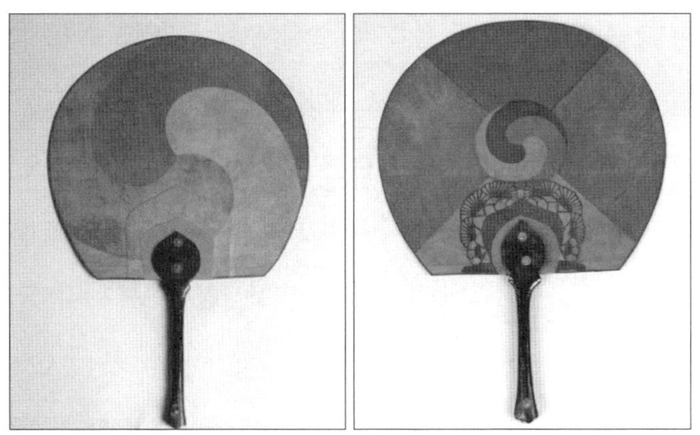

그림 10-10. 대영박물관 소장품으로 조선 시대에 나주에서 만들어진 태극선(왼쪽)과 까치선(오른쪽)(https://www.britishmuseum.org/collection/object)

게 되었다.

나주에서 생산된 태극선과 까치선을 대영박물관에 기증한 벙커
(Bunker, Dalziel A., 1853~1932년)는 교육선교사이다. 벙커 선교사는 미국
출신으로 1886년 조선에 도착해 배재학당의 학당장 등을 맡아서
일했다. 명성황후가 시해된 이후에는 고종 황제를 호위하면서 왕의
신변 보호에 최선을 다하기도 했다. 1926년 은퇴 시까지 40년간 조
선에서 선교사로 활동한 인물이다.

곡두선은 조선 시대에 전남 나주에서 만든 부채이다. 부챗살의
끝이 구부러져 곡두선이라고 한다. 부채의 종이에 기름칠이 되어
있으며, 문양지는 국화형이며, 문양지 안의 속 딱지 부분에 주홍
및 검은 칠이 되어 있다. 크기는 높이(손잡이 포함) 40cm이며, 폭은
30.50cm이다(그림 10-11).

곡두선의 기증자는 오기타 에스조(Ogita Etsuzo, 荻田悦造)이며, 1910

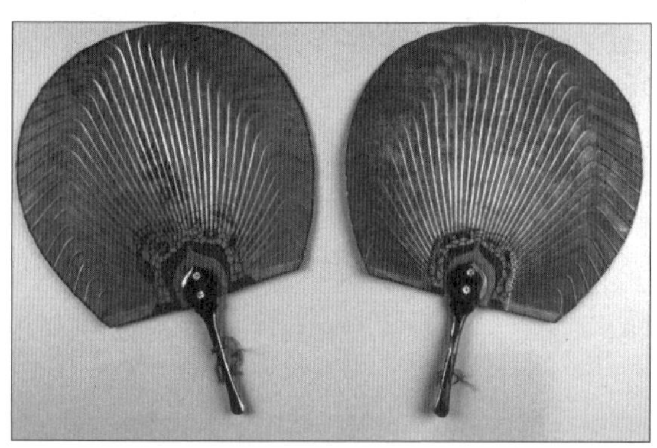

그림 10-11. 대영박물관 소장품으로 조선 시대에 나주에서 만든 곡두선(https://www.
britishmuseum.org/collection/object)

년에 기증했다. 오기타 에스조는 1910년 셰퍼드 부시(Shepherd's Bush)에서 열린 영국 – 일본 전시회 때 한국과 일본 물품을 대영박물관에 기증했다.

오기타 에스조는 1878년생이며, 1908년에 대한제국 황제 즉위 예식 기념장을 받았고, 조선총독부에서 서기관으로 근무하다 1917년에서 1919년까지 조선총독부 총독 관방 총무국장을 지낸 인물이다.

대영박물관은 나주산 부채 외에 조선 시대 때 제작된 부채를 소장하고 있으나 대부분 생산지에 대한 정보가 없다. 생산지가 없는 부채 중에도 부채 특성으로 보아 나주산이 유력한 것들이 다수가 있는 것은 별도로 하더라도, 나주산 부채가 별도로 분류되어 있다는 점에서 과거 나주산 부채는 명성이 매우 높았음을 알 수가 있다.

합죽선의 제작은 조선 시대부터도 ① 대를 쪼개서 양잿물에 삶아 바래는 사람, ② 구 원료를 다듬고 깎고 붙이고 손질해서 부채의 형태를 만드는 사람, ③ 낙죽으로 삶과 변죽에 무늬를 놓는 사람, ④ 칼로 곱게 다듬어 광내는 사람, ⑤ 환(그림)을 치는 사람, ⑥ 종이 바르는 사람(도배), ⑦ 시북(고리) 박는 사람 등으로 분업해왔다.

담양 부채

서유구의 《임원경제지》 《예규지》 〈팔역장시〉편에는 19세기 죽물시장에서 부채 등 다양한 죽공예품이 거래되었다는 기록이 있다. 담양에서 부채 생산 역사가 매우 오래되었음을 알 수 있다.

17세기 초에 이미 담양에는 중앙(工曹)에서 파견된 선자장이 활동하고 있었다. 담양은 인근 고을의 장인들을 모아 편죽(片竹)을 다듬어 공조에 올려보내는 역할을 책임지는 도회관(都會官)이었다. 담양에서 올려보낸 편죽으로 공조에서는 부채를 만들었다.

18세기 중엽의 《여지도서(輿地圖書)》에 담양산 부채가 상납되었다는 기록으로 보아 완제품을 진상하는 단계에 진입하였음을 알 수 있다. 이렇듯 17세기부터 19세기까지 전라남도 지역 부채의 진상을 책임지는 도회관으로서 역할을 수행하였다.

이러한 전통은 지속해서 이어져 일제 강점기인 1937년 통계로는 담양에서는 쥘부채 129만 자루, 둥근 부채 1만 자루 등 총 130만 자루의 부채를 생산하여 전주(435,000자루)를 능가하고 있다. 1910년 전후 담양의 죽공예품별 생산액은 117,536원인데 부채는 5,640원으로 삿갓 31,196원, 참빗 28,850원 다음으로 생산액이 많았고, 부채에 이어 기타 죽공예품이 51,850원이었다.[171]

1930년대 담양 부채에 대해서는 〈동아일보〉 1934년 8월 3일 '내 고향의 명산을 찾아서 : 조선 특산 담양죽물'에 소개되어 있다.

"조선의 선자산지(扇子産地)는 전주와 담양 등이다. 소생(所生)의 대

---

171. 조승현. 2004. 광주·전남지역 재래공업의 지리학적 연구. 성신여자대학교 박사학위논문.

나무를 재료에 공급하고, 제주도의 백단유(栢檀油)를 바른 지지(地紙)의 순조선식으로 접으면 지지(地紙)는 완전히 친골(親骨)의 뒤에 숨어 버린다.

금구(金具), 지지가 모두 조잡하고 황색의 무지(無地)로 섬세한 예술미는 물론 없다. 그만치 오리지널티가 있는 것이 더욱 조선미가 있다. 가격은 1개 70전, 경성에서 이것을 사려면 1원 이상이다. 담양군 산업조합의 생산으로 연산(年産) 70만 개에 딜한다. 칠도 취급은 담양의 발송이 30돈 전후이며, 판로는 경성이 제일이오, 평양, 대구가 그다음이다."

〈조선일보〉 1939년 6월 4일 '대용품 쓰지 않는 하절 풍물 가지가지'라는 기사에는 다음과 같은 내용이 있다.

"부채 역시 순 조선산인데 조선 부채가 운이 있는 데는 아마 제일인 모양인지 외국 사람이 많이 사가는데, 이것도 '하와이'에서 많이 주문해 갑니다.

이 부채는 담양, 전주가 제일 명산인데 종이값이 올라서 전보다 2할이 비싸졌습니다. 태극선, 합죽선, 추풍선(秋風扇), 남미선(男尾扇) 등 여러 가지가 있습니다. 값은 15전에서 35전까지고, 인조견으로 만든 태극선은 외국 사람이 좋아합니다만 이것은 옛날엔 순 비단으로 만들었던 것입니다."

담양에서 부채를 만들었던 곳은 담양읍 완동마을이었는데, 이곳은 조선 시대부터 일제 강점기까지 주로 접는 부채가 생산되었다.

광복 이후에는 값싼 단선이 추가되어 접는 부채와 함께 생산되었다.

대나무 조각의 한쪽은 손잡이로 사용하고 한쪽은 잘게 잘라 부챗살을 만든 시장부채(막부채)는 향교리 2구에서 만들었고, 대나무로 부챗살을 만들고 별도의 나무 손잡이를 끼워 만든 원선(圓扇)은 남산리에서 생산하였다. 접부채(쥘부채)는 담양읍 만성리 완동마을이 주축이 되었고 담양군 월산면 화방리에 3~4가구가 남아있었다. 완동마을에서는 1년에 50만 자루를 생산할 정도로 활발하였다.

담양부채 제작 기능은 2010년에 전라남도 무형문화재 제48호 선자장(扇子匠), 제48-1호 접선장(摺扇匠)으로 지정했으며, 기능보유자로는 김대석 장인이 지정되었다.

6

진소(참빗)

진소, 죽즐 및 참빗

동양에서 빗은 상고(上古) 때의 제왕인 혁서 씨(赫胥氏) 염제(炎帝) 신농(神農)이 나무로 빗(梳)을 만들었는데, 살이 24개였다는 기록이 삼재도회(三才圖會)에 있다. 유럽에서는 스위스의 신석기 시대 호상(湖上) 주거지에서 뼈로 만든 빗이 발견되었고, 덴마크의 유틀랜드 반도 지방의 이탄(泥炭) 유적에서는 청동제의 빗이 발견되었다. 낙랑(樂浪) 유물에서는 ㅣ나무빗이 출토되었다.

한자(漢子)에서 빗을 뜻하는 글자로는 소(梳, 얼레빗 소), 즐(櫛, 빗 즐), 비(篦, 참빗 비) 등이 있다. 이름의 유래에 대해 중국 명나라 말기의 박물학자·약학자인 이시진(李時珍)은 《본초강목(本草綱目)》에서 "그 살이 드문 것을 소(梳), 그 살이 가늘고 빽빽하며 서로 나란히 있는 것을 비(篦), 그 살이 나란히 한마디로 연결된 것을 즐(櫛)이라고 한다"

라고 후한(後漢) 때 유희(劉熙)가 엮은 사전인《석명(釋名)》의 풀이를 인용했다.《자휘(字彙)》에는 "비(箆)는 대로 만들었으며, 머리의 때를 제거하는 것"이라는 말도 있다.

빗은 원래 비(箆)에 속하나 후세에 오며, 소(梳)라는 말이 일반적으로 쓰였으며, 얼레빗을 월소(月梳), 참빗을 진소(眞梳)라고 했다. 진소의 유래에 대해서는 〈경향신문〉 1987년 9월 29일 기사[172]에도 나와 있다.

"참빗은 중국으로 흘러들어가면서 중국 상인들의 요구에 의해 변모된 모습으로 나타났는데 이것이 호소(胡梳)라 불리는 말빗이다. 몽골과 만주는 모두 말이 많기로 유명한 고장인데, 이곳에서 말의 목털을 빗겨 주는 담양산 말빗이 큰 인기를 끌었다. 호소가 상품화되면서 참빗은 진소라는 이름을 새로 얻었다."

한편, 낙랑에서 나온 유물 중에서는 대모(玳瑁, 거북껍질의 일종), 등껍질(甲), 나무 등으로 만든 빗이 나왔다. 나무로 만든 월소(月梳)는 14~16개의 살이 길게 달려있고, 빗의 형태도 반원(半圓)과 가로와 세로의 비례가 2대 1 정도의 직사각형(살 부분)을 합친 것만큼 세로가 약간 길다. 대모제는 살이 4~5개 정도의 작은 것으로 뒤꽂이(笄)에 가까운 것이었다.

고려 때까지도 얼레빗(月梳)은 낙랑 출토의 그것과 비슷한 세로로

---

172. 경향신문. 1987. 9. 29. 장터따라 세월따라 (4) 담양 죽물시장.

긴 것이 있었다. 더 납작한 반월형의 월소가 나온 것은 그 이후였던 것 같다. 그밖에 5~6세기 삼국시대의 신라에서 나무로 만든 빗이 천마총(天馬塚) 98호, 북분(北墳)에서 출토되었다.[173]

참빗은 얼레빗으로 머리를 대강 정리한 뒤 머리카락을 보다 가지런히 하기 위해 사용하는 것으로 때로는 머리카락의 불순물을 제거하기 위해 쓰이기도 하였다. 조선 시대에는 공조(工曹)에 참빗을 만드는 죽소장(竹梳匠)을 두었다.

전남의 진소

〈동아일보〉 1936년 4월 28일 '전남산 참빗 미국으로 진출' 기사 [174]에는 "전남산 진소(참빗)가 미국 시장에서 명성을 떨치게 되어 대량의 주문을 받게 되었다는 무역조선(貿易朝鮮)의 쾌소식. 전남 영암 등지에서 생산되는 참빗이 미국 각 도시에서 대호평을 받게 되었으므로 미국무역협회에서는 전남 참빗 50만 개를 주문하여 왔다고 한다. 그런데 참빗은 영암과 담양 2개소에서밖에 생산되지 않아 이와 같이 대량의 주문을 받게 된 전남 당국에서는 그 수용에 부심 중이라고 한다"라는 내용이 있다. 담양과 영암이 대표적인 참빗의 산지

---

173. 이흥우. 1976. 한국의 수륜(水輪) : 플라스틱에 밀려나 관광민예품으로. 조선일보 1976. 5. 8.
174. 동아일보. 1936. 4. 28. 전남산 참빗 미국으로 진출.

임을 알 수 있는 기사이다.

〈조선일보〉 1938년 4월 2일 '특산품 진열회장 안내' 기사에는 "전라남도에는 유명한 빗(櫛) 중에도 각중즐(角中櫛), 음양즐(陰陽櫛), 화각즐(畵角櫛), 중즐(中櫛), 조목각중즐(鳥木角中櫛) 등 그 수조차 헤일 수 없는 각종의 빗이 출품하여 있고…"라는 내용이 있다.

〈동아일보〉 1930년 9일 21일 '나주특산품 일체 개량제조' 기사에는 나주 특산품으로 진소가 서술되어 있으나 다른 자료들을 분석해 보았을 때 그 생산량은 많지 않아 보인다. 그러므로 전남의 진소는 담양과 영암에서 집중적으로 생산된 것으로 판단된다.

담양의 진소

담양의 공예품 시원은 진소에서 시작되었다는 전설이 있다. 〈동아일보〉 1934년 1월 3일 '성과가 있는 특산'이라는 기사에서는 전남 죽물(竹物)이 소개되어 있는데, "전하야 내려온 바에 의하건데 지금으로부터 500여 년 전에 담양 향교리에서 참빗(眞梳, 진소)을 만들었다는 것이 죽세공의 효시라고 하며, 10여 년 후에 영암 망호리(望湖里)에서도 역시 참빗을 만들기 시작하였다고 한다"라는 내용이 있어 담양과 영암은 참빗의 오랜 역사가 있음을 알 수가 있다.

담양의 진소는 1916년 담양의 죽공예품 생산자들이 진소(眞梳)조합을 만든 것에서 알 수 있듯이 1910년대에서 그 생산 규모가 상당히 컸을 것으로 보인다. 〈동아일보〉 1926년 8월 8일 기사[175]에는 "참빗 2만 개 생산"이라는 내용이 있다.

진소를 만들었던 곳은 광복 전까지 담양읍의 엉골과 서우내 마을을 중심으로 월산면의 운교리와 옥산마을이었다.[176] 담양의 진소 기능은 1986년에 전라남도 무형문화재 제15호 참빗장으로 지정되었으며, 고행수(高行柱) 상인이 기능보유사로 시정되었다.

한편, 담양의 진소와 관련해서 일제 강점기에 일본인들은 담양에서 참빗을 소변으로 염색하는 것을 보고는 비위생적이라 해서 일본 시험소(試驗所)가 소변 대신 암모니아로 염색한 결과 색이 나오지 않았다고 한다. 진소를 비롯해 빗의 종류는 많고(그림 10-12), 그에 얽힌

그림 10-12. 다양한 종류의 대나무 빗 (출처 : 한국대나무박물관)

175. 동아일보. 1926. 8. 8. 향토예찬 내 고을 명물 (28) 세럼 드리운 곳에 죽침상죽부인.
176. 조승현. 2004. 광주·전남지역 재래공업의 지리학적 연구. 성신여자대학교 박사학위논문.

사연도 많고 많았던 것이 빗이었다.

영암의 진소

영암의 참빗은 조선 후기 18세기부터 만들어진 것으로 추측되고 있다.[177] 〈동아일보〉 1936년 1월 3일 '특산조선의 이모저모 : 영암 참빗' 기사에는 영암 참빗의 역사와 당시 현황에 대해 잘 나타나 있다.

"산은 금강산이요, 빗(梳)은 영암이란 말과 같이 참으로 영암 진소(靈岩眞梳)로 말하면 유명한 것이다. 이 영암 진소는 지금으로부터 300여 년 전부터 생긴 영암 특산물의 하나로서 연산액이 15만 원에 달하며, 연산 수량으로 보드래도 무려 200만 개에 달하고 있다고 한다.

이 빗의 주산지로 말하면 영암면 망호리(望湖里)와 군서면 송평리(松平里)인 바 여기에 딸린 종업원만도 500여 명에 달하고 있다고 한다. 이 영암 진소는 품질이 강인하고 때(垢)가 잘 빠지므로 누구든지 한번 사용한 후로는 크게 환영하게 된다고 한다.

따라서 진소에 대한 매매취급에서도 사단법인 영암산업조합(社團法人 靈岩産業組合)에서 행하고 있는 만치 날로 품질을 장려하고 있으

---

177. 이흥우. 1976. 한국의 수륜(水輪) : 플라스틱에 밀려나 관광민예품으로. 조선일보 1976. 5. 8.

므로 더욱 우량품이 나와 판로에서도 조선 지방은 물론 일본 내지 각 부현, 대만, 만주, 중국, 미국, 포와(布哇)[178], 서백리아(西伯利亞)[179], 기타 외국 지방까지 많은 판로를 갖고 있다고 한다.”

〈조선일보〉 1976년 5월 8일 ‘한국의 수륜(水輪) : 플라스틱에 밀려나 관광민예품으로’ 기사에는 당시 “한집의 연간 생산량은 약 1만 개로 추산된다. 옛날에는 집마다 빗을 만들면 5일에 한 번 서는 장에 한두 쌈(한 쌈은 100개)씩 내다가 팔았다”라는 내용이 있어 그 생산량이 매우 많았음을 알 수가 있다.

〈동아일보〉 1922년 9월 11일 ‘영암진소산업조합’이라는 기사에는 “전남 영암의 진소(眞梳)라 하면 조선의 명산물인 줄은 공지하는 바이라 본 군(郡) 이원우(李元雨) 씨는 당 업자의 복리를 증진키 위하여 작년 3월 중에 진소 제조업자로서 산업조합을 조직한 바 가입자는 200여 명이오, 업무는 조합원의 원료구입, 배분, 자금유통, 제품 위탁 판매의 편의를 위하여 착착 진행 중이라더라”라는 내용이 있다.

영암의 진소는 〈동아일보〉 1969년 8월 14일 ‘한국 민속공예 제1부 지상 전시 (3) 화각 참빗’에도 소개되어 있디.

“얼넷 성긴 빗으로 초벌 머리를 빗고 흰 가리마 단정히 갈라 고운 영암(靈巖) 참빗으로 청초한 머리 맵시를 마무리하는 여인들의 흰 손길은 과거 한국의 여태(女態)가 보여주던 야릇한 매력의 하나였다.

---

178. 포와(布哇)는 근대 개화기 중국과 일본이 미국령 하와이(Hawaii)를 표기한 한자어다.
179. 시베리아(Siberia)를 뜻함.

　　참빗의 종류도 크기에 따라 대소, 어중소, 밀소 등으로 불리었고, 그 종류에 따라 빗는 부분과 용도가 갈리어 있었다. 영암 참빗의 양마구리를 흰 우골(牛骨)을 다듬어 마무리하고 등대(등마루)는 낙죽(烙竹)이나 화각장(華角張) 장식을 붙여서 여심(女心)의 고운 뜻을 한층 아롱지게 해주었다."[180]

　　이들 자료에서 과거 영암의 진소를 어느 정도 알 수가 있다. 영암의 진소 기능은 1986년 전라남도 무형문화재 제15호 참빗장으로 지정됐는데, 기능보유자 이식우 장인은 2003년에 타계했다.

---

180. 최순우. 1969. 한국민속공예 제1부 지상전시 (3) 화각 참빗. 동아일보 1969. 8. 14.

11장

칠공예

1
나주 옻칠

〈동아일보〉 1938년 1월 29일 '횡설수설(橫說竪說)' 기사에는 다음과 같은 내용이 있다.

"무릇 어느 지방 어느 사회든지 그 지방 고유의 특산품이란 것이 없는 것은 드물겠다. 이것은 사람의 얼굴이 각각 다른 것과 마찬가지로 각 사람의 생각과 기능이 그 지리적 환경이 다름을 따라서 십인십색(十人十色)으로 표현되는 소치(所致)이다.

각설하고 조선의 특산물을 잠깐 보자면 평양수목(平壤水木), 안주량라(安州亮羅), 철원명수(鐵原明紬), 풍기준시(豊基蹲枾), 전주대지(全州苔紙), 나주칠기(羅州漆器), 담양죽기(潭陽竹器), 한산세저(韓山細苧) 등등으로 열 손가락으로 셀 수 없다."

이 기사에서는 전국 특산물을 소개한 가운데 나주는 칠그릇이 유명했음을 소개하고 있다.

영산강 중류에 위치한 나주 복암리 고분군(사적 제404호) 주변의 제철 관련 유적에서 출토된 목간(2008년 발굴)은 자못 주목받는다. 집수정(集水井, 1號 竪穴)으로 추정되는 수혈유구에서 목간과 목간류(木簡類)로 분류할 수 있는 목제 유물 65점이 출토되었다.

그중 13점의 목간과 2점의 태극문양 등 묵흔이 있는 목제품은 7세기 때 나주 복암리 일대에 있었던 상급 관청과 주변 군현과의 의사전달 체계와 내용을 담고 있는 것으로, 7세기 때 나주지역 지방행정의 한 단면을 보여주고 있다.

백제의 도성이 아닌 영산강 고대 문화권역의 중심지인 나주에서 목간이 대량 확인되었고, 그 형태별·기능별 분석 결과 국내 출토 목간 중에서 가장 다종다양한 목간 유물들이 출토되었다는 점에서 더욱 주목된다. 특히 수종 분석 결과, 기밀을 요구하는 용도로 사용된 목간은 일반 재질이 아니라 옻나무로 제작되었음도 밝혀졌다.[181]

한편, 정약전·정약용 형제가 유배길에서 하룻밤을 보낸 뒤 마지막으로 이별했던 곳은 나주 노안면 칠전(漆田)마을 '율정(밤나무골)'이다. "두 형제가 칠전마을에서 1박 후 다음날

그림 11-1. 옻칠이 된 나주반

181. 김성범. 2010. 羅州 伏岩里 遺蹟 出土 木簡의 判讀과 意味. 진단학보 109:29~83.

새벽 헤어진 뒤 다시 만나지 못한 형제의 이별이 서린 곳"이다.

이 칠전마을은 옻나무밭이라는 의미로 과거에 옻칠의 원료 공급지 역할을 했다. 목공예가 발달한 나주는 그만큼 옻칠의 수요가 많았고, 칠 기술이 발달했다. 옻칠은 현재 국가무형문화재 제99호로 지정되어 소반장 나주 전수관에서 기술이 전승되고 있다.

2
황칠

황칠나무는 두릅나뭇과에 속하는 상록활엽교목이다. 동아시아와 남미, 말레이반도 등지에 70여 종이 있으며, 우리나라에는 전남과 경남의 도서 지역과 제주지역에 1종류가 분포되어 있는데 전남이 최대 산지이다.

황칠은 음력 6월경에 칼로 황칠나무 줄기 표피에 금을 그어서 수액이 나오게 하여 채취한다. 옻칠이 검은 데 비해 황칠은 황금색이어서 황칠이라 한다. 황칠은 일본과 중국에서 금칠이라고 불리는 칠기법으로 황칠 수액을 정제한 도료로 종이, 나무, 가죽, 은, 주석 등의 표면에 바르면 마치 금을 도금한 듯한 황금빛을 띠는 칠 기술이다. 내구성, 내열성, 방충성이 옻칠보다 훨씬 뛰어나 아주 귀한 도료로 취급되어왔다.

송나라 손목이 지은《계림지(鷄林志)》, 조선 시대 서유구가 쓴 전통 백과사전인《임원경제지》등 고문헌에도 신라칠, 고려칠 등으로 적혀 있다.

《계림지》에는 "고려의 황칠은 섬에서 나며, 6월에 수액을 채취해서 빛깔이 금과 같고 볕에 쬐어 건조시킨다. 본디 백제에서 나던 것인데, 지금 이걸 일컬어 절강(浙江) 사람들은 신라칠(新羅漆)이라고 한다"라고 적고 있다. 황칠은 백제 시대의 주요 수출품으로 당나라에서는 전투용 갑옷과 투구에 칠했다고 《삼국사기》에 기록하고 있을 만큼 그 질의 색깔과 성능은 우수했다.

황칠나무의 주 자생지는 완도, 대흑산도 등지나 나주에서 많이 이용된 전통이 있다. 홍어가 흑산도에서 많이 잡히나 나주에서 발효과정을 거친 삭힌 홍어의 식용문화를 만들고 꽃을 피운 것과 마찬가지이다.`

황칠이 나주와 관련해서 문헌에 나타난 것은 고려 시대이다. 1123년에 사절로 한 달 동안 고려를 방문했던 송나라 문신 서긍(徐兢, 1091~1153년)이 지은 책인 《선화봉사고려도경(宣和奉使高麗圖經)》 23권에는 "나주(羅州)에서는 백부자(白附子), 황칠이 나는데 모두 조공품(土貢)이나"라는 기록이 있다. 이 기록은 당시 니주목 관할인 완도, 대흑산도, 어청도가 황칠나무의 자생지라는 점과 무관하지 않은 것으로 해석된다.

황칠을 사용한 뛰어난 유물에도 나주산이 빠지지 않는다. 조선 시대 나주에서 만들어진 황선(黃扇) 중에는 황칠이 사용된 것들이 있다. 일제 강점기에 유명한 미술평론가이자 미술사학자였던 일본인

야나기 무네요시가 높게 평가한, 나주의 명공(名工)인 이석규(李錫奎) 장인 유작에는 황칠을 한 장롱이 여러 개 전해지고 있다(그림 11-2).

야나기 무네요시가 마음에 들어 했던 장롱은 황칠이었을 가능성이 높다. 이렇듯 나주는 산지에 가까운 소비지와 이용 기술이 더해져 황칠 문화가 화려하게 꽃을 피웠던 곳이다.

그림 11-2. 근대 나주에서 제작된 것으로 황칠이 된 가구

전남 근대 공예품을
만날 수 있는 곳

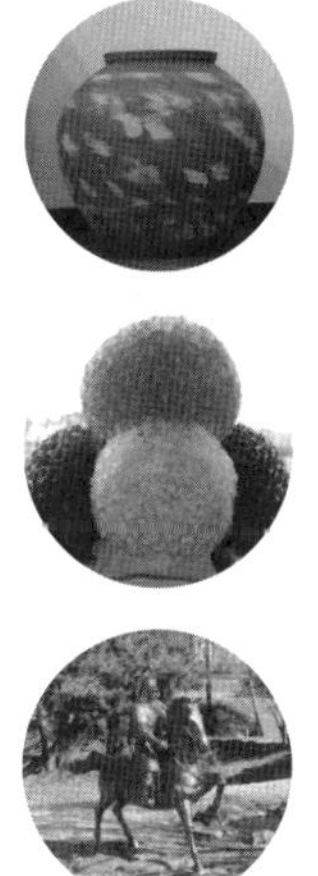

1

광주역사민속박물관

광주역사민속박물관은 생활문화의 변화로 사라져가는 민속자료의 수집, 민속문화 원형의 발굴과 보존, 민속문화의 전승을 위한 전시장의 필요성 등이 증대됨에 따라, 광주광역시가 설립한 공립박물관이다.

1963년 5월 광주공원에 도립광주박물관을 개관했으며, 1995년 10월에 광주광역시립민속박물관으로 개칭했다. 2020년 3월 31일에는 '광주역사민속박물관'으로 이름을 바꿔 재개관하였다.

1층은 남도민속실로, 전라도의 자연과 그 속에서 실아온 사람들의 생활사를 살펴볼 수 있다. 남도의 자연, 남도의 농업, 남도의 집, 남도의 어업, 남도의 시장, 남도의 예술이라는 6개의 주제로 구분하여 다양한 전시품과 자료 등이 전시되어 있다. 주소는 광주광역시 북구 서하로 48-25이다.

2
무안전통생활문화테마파크

무안전통생활문화테마파크는 전남 무안군 몽탄면 청용리(전남 무안군 몽탄면 사옥길 12)에 위치한 폐교(옛 몽탄남초등학교)를 활용해 조성된 것으로 2021년 4월에 개관했다.

무안전통생활문화테마파크는 시간여행을 떠난 듯 1961~1980년대를 배경으로 조성된 학교와 마을, 장날의 풍경을 재현해 놓아 어른들에게는 과거 기억과 향수를 불러일으키고 젊은 세대에겐 새로운 추억과 경험을 선사한다.

유물은 832종 3,000점 이상을 갖추고 있는데, 전시된 것 중에는 상당수의 근대 공예품이 있어 감상할 수가 있다.

그림 12-1. 무안전통생활문화테마파크 외부

그림 12-2. 무안전통생활문화테마파크 내부

3
순천시립뿌리깊은나무박물관

순천시립뿌리깊은나무박물관은 순천 낙안읍성 인근에 있다. 고한창기 선생님이 생전에 모아오신 유물을 전시하고 있다. 청동기 시대부터 광복 이후까지 다양한 유물들이 전시되어 우리 '토박이' 문화를 잘 이해할 수 있는 박물관이다.

과거에는 보잘 없고 천대받던 것들이 지금은 문화적 가치가 있는 유물이 되고, 조상의 삶을 엿볼 수 있는 자료로 전시되어 있다. 주소는 전남 순천시 낙안면 평촌3길 45이다.

그림 12-3. 순천시립뿌리깊은나무박물관 외부

그림 12-4. 순천시립뿌리깊은나무박물관 내부

4
여수민속전시관

    여수민속전시관은 2012여수세계박람회 개최에 맞춰 폐교(옛 율촌 중앙초등학교)를 활용하여 개관한 공립박물관이다. 전남 여수시 율촌 면 서부로 1442(가장리)에 있으며, 생활 민속자료 및 여수 향토사 자료를 전시하고 있으며, 매년 기획전시, 교육체험 프로그램을 통해 잊혀가는 전통문화 체험 기회를 제공하고 있다.

    유물에는 반상기, 유기, 농어업 용구, 생활 민속품 등 다양하며, 근 대에 제작된 공예품 또 한 전시되어 있다. 다 리미, 대나무 도시락, 떡살, 뒤주, 옹기, 국수 틀, 가죽 퇴침, 김바구 니 등 다양한 공예품이 전시되어 있다.

그림 12-5. 여수민속전시관 (사진 제공 : 김대국)

5

장흥 방촌유물전시관

장흥 방촌유물전시관은 전남 장흥군 관산읍 장흥대로 1645 방촌문화마을 입구에 있다. 방촌문화마을이 이어온 500년 역사를 한눈에 살필 수 있는 공간이다.

2층 건물의 방촌유물전시관은 제4전시실까지 있는데, 제1전시실에는 근대의 복식, 농경 유물, 민속공예품 등이 전시되어 있어 근대 공예품을 감상할 수 있다. 이 외에 고문서, 건축 도구, 농경, 주거문화, 마을의 세시풍속, 향반 사회의 모습, 그리고 호남 실학의 대가 존재 위백규의 흔적까지 감상할 수 있다.

그림 12-6. 전남 장흥에 있는 방촌유물전시관

6

전라남도농업박물관

전라남도농업박물관은 도립박물관으로, 사라져가는 전통 농경 문화 유산을 모으고 전시하여 후손들에게 전승하는 것을 목적으로 1993년 9월 24일에 개관했다. 전남 영암군 삼호읍 녹색로 653-11에 있으며, 농업관을 리모델링하여 2008년 3월 11일 남도 생활민속관으로 개관했다. 2013년 7월 19일 전라남도농업박물관으로 명칭을 변경했다.

600여 점의 소장품을 보유하고 있으며, 전시 시설은 제1·2·3전시실과 현대농업관·야외전시장으로 구성된다.

제1전시실에는 선사시대의 농경과 역사시대의 농경, 봄 농사, 여름 농사에 관련된 자료가 전시되어 있고, 제2전시실에는 가을 농사와 겨우살이 관련 자료, 제3전시실에는 영산강 유역 개발 과정 및 미래상을 전하는 자료가 전시되어 있다. 생활유물 공예품, 농업 관련 공예품을 볼 수가 있다.

7
한국대나무박물관

한국대나무박물관은 담양군이 1966년 죽공예품의 보존·전시, 기술정보의 교환, 판매 알선을 위해 죽세공예센터라는 이름으로 담양군 담양읍 담주리(潭州里)에 설립하였다. 1981년 죽물박물관으로 이름을 바꾸었고, 1998년 전남 담양군 담양읍 죽향문화로 35로 이전하였으며, 2003년 3월 지금의 이름으로 바꾸었다.

그림 12-7. 전남 담양에 있는 한국대나무박물관 (사진 제공 : 김대국)

　박물관 소장품은 국내외 죽제품 3,000여 점 정도 된다. 4개의 전
시실 중 제2전시실에서는 조선 말기에 궁중에서 사용했던 부채 등
옛 죽제품과 낙죽장, 죽렴장, 채상장, 참빗장의 제품 등을 전시하고
있다. 제3전시실에는 현대와 과거의 실생활에 주로 이용된 대나무
여름용품, 무기류, 장신구 등을 전시하고 있다.

8
한국천연염색박물관

한국천연염색박물관은 전남 나주시 다시면 백호로 379에 있으며, 공립박물관으로 2006년에 개관했다. 영산강 유역을 배경으로 일찍이 염색문화와 비단 생산의 큰 역할을 해 왔던 지리적 특성과 문화적 기반으로 박물관이 설립되었다.

그림 12-8. 전남 나주에 있는 한국천연염색박물관

박물관 건물은 전시동과 체험동으로 이루어져 있으며, 전시동의 상설 전시관에는 과거에 나주에서 염색 및 이용되었던 쪽염색 직물이 전시되어 있다. 인근 다시면 정가마을과 문평면 명하마을에는 국가무형문화재 제115호 염색장 전수관이 있다.

9

함평생활유물전시관

함평생활유물전시관은 나산면 이문리의 폐교(옛 이문초등학교) 부지에 지하 1층, 지상 4층, 연면적 764.5m²(250평) 규모로 건립해 2007년에 개관했다. 이 전시관은 2008 세계나비·곤충 엑스포 개최에 대비해 전체 형상을 호박모형으로 설계하고 장수풍뎅이가 올라가고 있는 모습을 나타내 친환경 생태 이미지를 부각했다.

전시관에는 500여 종의 유물을 관찰할 수 있도록 전시되어 있는데, 1층에는 의생활과 관련된 공예품과 식생활에 관련된 공예품이 전시되어 있다. 2층에는 농사를 비롯해서 고기잡이와 관련한 도구들과 수렵과 채집에 관련된 도구 등 생업 중심의 유물들이 전시되어 있다.

세발낙지, 바지락 등 각종 먹을거리를 채취할 도구와 잡어를 건져 올릴 독살과 개막이 등 과거 선조들이 사용하던 각종 사냥 도구들이 전시되어 있다. 3층에는 우리 민족의 의례 행위와 다양한 문방구, 놀이 도구에 관한 것들이 전시되어 있다. 주소는 전남 함평군 나산면 삼축길 64-6이다.

한편, 함평읍내에 위치한 함평엑스포공원에 설치된 문화유물전시관은 '함평추억공작소'라는 이름으로 개관 예정인데, 이곳에도 많은 근대 공예품을 관람할 수 있을 것으로 기대된다.

그림 12-9. 함평생활유물전시관 외부

그림 12-10. 함평생활유물전시관 내부

322

• 참고문헌 •

1장

문화재관리국. 1976. 무형문화재조사보고서 : 궁시장. 문화재관리국.

이성훈. 2017. 광신(廣身) 계철촉을 중심으로 살펴본 가야·신라의 궁시(弓矢)운용. 한국고고학보 103:42~75.

이헌정. 2016. 일제 강점기 한반도 간행 궁(弓) 도서를 통한 조선·일본 궁술의 비교 연구. 고려대학교 석사학위논문.

2장

노경희. 2019. 울산의 쟁이들 : 울산 병영 장도의 맥을 잇다. 울산발전연구원 울산학연구센터.

박남중. 2023. 광양 장도의 특징과 무형유산적 가치. 전북대학교 석사학위논문.

박봉덕. 1983. 조선조 장도의 제작기법과 문양에 관한 연구. 조선대학교 석사학위논문.

박종군. 1983. 한국 도검에 관한 연구. 동국대학교 석사학위논문.

백지선. 2017. 조선 시대 도검 패용 광다회의 제작기법 분석 및 복원. 한국
    전통문화대학교 석사학위논문.

정연오. 2009. 한국 목공예에 나타난 대나무 가식방법에 대한 연구 : 죽편
    기법을 중심으로. 경남과학기술대학교 석사학위논문.

한준혁. 2017. 낙죽 기법을 응용한 문화상품 연구. 조선대학교 석사학위
    논문.

한준혁. 2019. 국가무형문화재 제60호 낙죽장도 제작 기법을 활용한 문화
    상품 개발 연구. 조형디자인연구 22(2):207~224.

3장

강경숙. 1984. 분청사기의 연구. 이화여자대학교 석사학위논문.

국립나주문화재연구소. 2009. 한국의 고대 옹관. 국립나주문화재연구소.

김대겸. 1996. 한국 분청사기가 일본 도예에 미친 영향. 한국교원대학교 석
    사학위논문.

김기욱. 2006. 옹기장 정윤석의 옹기 제작에 관한 연구. 군산대학교 대학원
    석사학위논문.

김문호. 2000. 무안분청사기에 대한 연구. 목포대학교 대학원 석사학위논문.

김옥수. 2010. 무안분청자의 고찰 및 재현에 관한 연구. 호남대학교 석사학
    위논문.

김진우. 2007. 전통 옹기의 조형적 특징과 현대적 변용에 관한 연구. 원광
    대학교 박사학위논문.

김혜선. 1984. 무연 옹기 제작에 관한 연구 : 강진군 칠량면을 중심으로. 조

선대학교 석사학위논문.

박송미. 2012. 전라도 전통옹기의 조형적 특성 연구. 조선대학교 석사학위
논문.

엄승희. 2023. 아사카와 노리타카(淺川伯教)와 야나기 무네요시를 통해 본
일제 강점 중반의 한국 도자연구 동향 : 전남 곡성군 하한리 가마터를
중심으로. 한국도자학연구 20(1):65~82.

이강수. 2023. 옹기 문화의 새로운 지향점. 인문사회21 14(1):3329~3344.

이윤선. 2010. 상신옹기배 해상로드 답사 기념 학술세미나 : 강진옹기의 옹
기로드. 국립해양문화재연구소·강진군·목포대학교 도서문화연구원
pp.38~39.

정기봉. 2007. 해남 녹청자의 특성 분석 및 재현에 관한 연구. 호남대학교
석사학위논문.

조미순. 2009. 한국의 고대 옹관 : 전남의 옹관. 국립나주문화재연구소.

山田萬吉朗. 1943. 三島刷毛目. 寶雲舍.

4장

김정필·김현정. 1999. 전통 나주반의 재현과 현대화에 관한 연구 : 제작과
정과 칠 작업을 중심으로. 조형디자인연구 2(1):171~195.

남궁선. 2000. 나주반 연구. 전북대학교 석사학위논문.

노기욱. 2011. 조선 시대 생활 목가구 연구. 전남대학교 박사학위논문.

아사카와 다쿠미(심우성 옮김). 1996. 조선의 소반, 조선도자명고. 학고재.

윤병화·양애란. 2016. 조선 시대 상례와 상여에 관한 연구. 차문화 산업학
31:1~20.

이목성. 2010. 한·중 소반 디자인에 대한 분석 연구. 중앙대학교 석사학위
논문.

한승희. 2002. 조선 시대 소반과 현대 차상 연구. 성신여자대학교 석사학위
논문.

허북구. 2019. 근대 전남 꽃상여와 상여용 지화문화. 세오와 이재.

5장

김육남·김혁신. 2022. 해남 옥이야기. 화신공예.

안승주. 1983. 백제 옹관묘에 관한 연구. 백제문화 15:1~33.

양아림. 2014. 한반도 출토 수정다면옥 연구. 영남대학교 석사학위논문.

엄홍주. 2016. 옥 상감기법을 이용한 장신구 연구. 국민대학교 석사학위
논문.

예혜영. 1986. 고신라 고분 출토 장신구 중 옥에 관한 연구. 조선대학교 석
사학위논문.

운정한. 1993. 해남 옥매산-성산광산 Acid-Sulfate 변질대에서 금 함량에
관한 연구. 대한자원환경지질학회지 26(2):155~166.

조현구·김수진. 1993. 해남 성산광산에서 산출되는 명반석의 열적 특성.
한국광물학회 6(1):53~55.

한국학중앙연구원 – 향토문화전자대전.

6장

권영숙. 2002. 조선 시대 베갯모 문양을 활용한 여성복 디자인 연구. 계명

대학교 석사학위논문.

권태억. 1988. 한국 근대의 면업과 직물업. 서울대학교 박사학위논문.

권형선. 1985. 조선조 수침에 관한 연구 : 베갯모 문양을 중심으로. 숙명여
자대학교 석사학위논문.

박영애·박선미. 2021. 한국 전통 베개의 제작법에 관한 연구 : 잣베개와 육
골베개 재현을 중심으로. 한국의상디자인학회지 23(4):105~116.

조희영. 2008. 조선 시대 내시 복식 연구. 단국대학교 석사학위논문.

허북구. 2011. 근대 나주의 쪽 문화와 쪽물 염색. 퍼프플랜.

7장

김지희·박성실·이양성. 2000. 국가중요무형문화재 신규발굴종목 보고서.
문화재청.

나주시지편찬위원회. 2006. 나주시지 4 : 읍면동 형성과 변천. 나주시지편
찬위원회 p.1343.

문화공보부 문화재관리국. 1986. 한국민속종합보고서. 문화공보부 문화재
관리국.

박복규. 1977. 한국 쪽물염색에 대한 고찰. 홍익대학교 석사학위논문.

徐有榘. 1842~45. 林園經濟志 : 보경문화사 영인(1983). 보경문화사.

徐浩修. 1798~99. 海東農書 : 한국학문헌연구소 영인(1981). 아세아문화사.

석주선. 1968. 무형문화재조사보고서 : 나주의 샛골무명과 쪽물(7권 48호).
문화공보부 문화재관리국.

예용해. 1966. 무형문화재보고서. 문화공보부 문화재관리국.

예용해. 1969. 한국민속종합조사보고서 : 제4편 산업기술. 문화공보부 문화

재관리국.

이정숙. 1982. 조선 중기 출토 면직물의 특성에 관한 연구, 서울대학교 대학원, 석사학위논문.

이종남. 2004. 우리가 알아야 할 천연염색. 현암사 p.97.

鄭官采. 2000. 韓國 傳統 藍染色의 現代的 利用方法. 大邱曉星가톨릭大學校 碩士學位論文.

조경래. 2007. 규합총서에 나타난 전통염색법 해설. 한국학술정보.

조효숙. 1983. 조선 시대의 전통염색법 연구 : 규각총서를 중심으로. 이화여자대학교 석사학위논문.

진성기. 1969. 남국의 세시풍속. 제주민속문화연구소.

최남선. 1948. 조선상식(풍속편). 동명서.

허북구·박지혜. 2013. 근대 제주도의 감 문화와 감물염색. 세오와 이재.

허북구. 2011. 근대 나주의 쪽 문화와 쪽물 염색. 퍼프플랜.

허북구. 2016. 근대 전남의 천연염색 문화와 전통기술. 세오와 이재.

허북구. 2017. 근대 전남 진도의 감물염색 기술과 문화. 세오와 이재.

허북구. 2023. 제주도 전통 감물염색과 갈옷에 숨겨진 비밀. 세오와 이재.

洪萬選(민족문화추진회 역, 1982). 1700년경. 山林經濟. 민족문화추진.

8장

이은주. 1983. 한국 초목공예에 관한 연구. 홍익대학교 석사학위논문.

장희순. 1990. 완초 염색에 관한 연구. 서울여자대학교 석사학위논문.

조승현. 2004. 광주·전남지역 재래공업의 지리학적 연구. 성신여자대학교 박사학위논문.

한복순. 1975. 한국완초공예의 편직법과 염색기법에 관한 연구. 홍익대학교 석사학위논문.

허북구·김윤희. 2022. 근대 전남 나주의 골풀 공예와 인초문화. 세오와 이재.

9장

김명희. 2002. 지화 연구. 한양대학교 석사학위논문.

김태연. 2001. 무화연구 : 동해안 별신세를 중심으로. 한국무속학 3:31~37.

김태연. 2008. 불교의례의 지화장엄 : 장인별 지화(紙花)기법의 특징을 중심으로. 한국디자인트렌드학회 21:141~150.

문화공보부 문화재관리국. 1985.《중요무형문화재 해설(놀이와 의례편)》.

문화재청. 2008. 지화종합보고서. 문화재청.

박기복. 1986. 한국 전통 지화에 관한 연구. 홍익대학교 석사학위논문.

박은주. 2005. 조선 후기 조화의 유형과 변천 : 사화와 지화를 중심으로. 이화여자대학교 석사학위논문.

심우성. 1972. 무형문화재조사보고서 제14권 : 꽃일. 문화재관리국.

양종승·최진아. 2002. 서울굿의 신화 연구. 한국무속학 4:63~100.

양종승. 2006. 황해도 굿에 사용되는 종이 신화와 신구의 종류, 형식, 상징적 고찰. 한국무속학 13:7~43.

오춘희. 1984. 한국전통 꽃일에 관한 연구. 숙명여자대학교 석사학위논문.

이수자. 2007. 무속의례의 꽃장식 그 기원과 성격과 의미. 한국무속학 14:407~442.

이영희. 2018. 이영희의 서울문화전. 전시회 도록(서울문화전승회).

허북구·조자용·김영선. 2018. 무속 의식에 사용되는 전통 지화 종류와 이름의 유래에 관한 연구. 전남도립대학교 논문집 20:143~151.

허북구·조자용. 2020. 전남 각 마을에서 제작된 꽃상여용 지화 특성에 관한 연구. 전남도립대학교 논문집 22:113~121.

허북구. 2019. 근대 전남 꽃상여와 상여용 지화 문화. 세오와 이재.

허북구. 2020. 근대 전남 농악대 고깔과 지화 문화. 세오와 이재.

10장

국립문화재연구소. 1969. 한국민속종합조사 보고서 : 전라남도 편. 문화공보부

김종태. 1991. 한국수공예미술(韓國手工藝美術). 도서출판 예경.

김진열. 1994. 담양지역 죽세공예품에 관한 고찰. 전남대학교 석사학위논문.

동아일보. 1970. 7. 8. 스케치 잊혀져 가는 고유민간예술… 목판 등 그을려 「낙화」

松雀. 1928. 별건곤 : 붓채와 愛妾 14:154~155.

연세대학교박물관. 1995. 한국의 부채. 삼화인쇄.

최상수. 1972. 한국부채의 연구. 대성문화사.

허북구. 2022. 근대 전남 나주부채 금성선과 남평선. 세오와 이재.

片岡議. 1913. 寶庫の全南. 片岡商店.

National Research Institute of Cultural Heritage 2016 / Korean Collections at the British Museum (Cat. 323; p.366, no.863)

https://www.britishmuseum.org/collection/object

강글온. 2009. 고려시대 대외무역에 관한 연구. 창원대학교 석사학위논문.

김성범. 2010. 羅州 伏岩里 遺蹟 出土 木簡의 判讀과 意味. 진단학보 109: 29~83.

김정필·김현정. 1999. 전통 나주반의 재현과 현대화에 관한 연구 : 제작과 정과 칠 작업을 중심으로. 조형디자인연구 2(1):171~195.

노기욱. 2011. 조선 시대 생활 목가구 연구. 전남대학교 박사학위논문.

조종수·김종인. 2001. 황칠처리재의 도막 물성 및 내구성. 한국가구학회지 12(1):11~20.

중앙생활사는 건강한 생활, 행복한 삶을 일군다는 신념 아래 설립된 건강 · 실용서 전문 출판사로서
치열한 생존경쟁에 심신이 지친 현대인에게 건강과 생활의 지혜를 주는 책을 발간하고 있습니다.

알수록 재밌는 **공예의 세계**

초판 1쇄 인쇄 | 2025년 11월 10일
초판 1쇄 발행 | 2025년 11월 17일

지은이 | 허북구(BukGu Heo)
펴낸이 | 최점옥(JeomOg Choi)
펴낸곳 | 중앙생활사(Joongang Life Publishing Co.)

대　표 | 김용주
편　집 | 백재운
디자인 | 박근영
인터넷 | 김회승

출력 | 삼신문화　종이 | 한솔PNS　인쇄 | 삼신문화　제본 | 은정제책사

잘못된 책은 구입한 서점에서 교환해드립니다.
가격은 표지 뒷면에 있습니다.

ISBN 978-89-6141-328-2(03630)

등록 | 1999년 1월 16일 제2-2730호
주소 | ⑨ 04590 서울시 중구 다산로20길 5(신당4동 340-128) 중앙빌딩
전화 | (02)2253-4463(代)　팩스 | (02)2253-7988
홈페이지 | www.japub.co.kr　블로그 | http://blog.naver.com/japub
네이버 스마트스토어 | https://martstore.naver.com/jaub　이메일 | japub@naver.com
♣ 중앙생활사는 중앙경제평론사 · 중앙에듀북스와 자매회사입니다.

중앙생활사/중앙경제평론사/중앙에듀북스에서는 여러분의 소중한 원고를 기다리고 있습니다. 원고 투고는 이메일을
이용해주세요. 최선을 다해 독자들에게 사랑받는 양서로 만들어드리겠습니다. **이메일** | japub@naver.com